中华人民共和国
就业促进法

注释本

法律出版社法规中心　编

法律出版社
LAW PRESS CHINA
·北　京·

图书在版编目(CIP)数据

中华人民共和国就业促进法注释本 / 法律出版社法规中心编. --2版. --北京：法律出版社，2021
(法律单行本注释本系列)
ISBN 978-7-5197-6131-8

Ⅰ. ①中… Ⅱ. ①法… Ⅲ. ①就业促进法-法律解释-中国 Ⅳ. ①D922.504

中国版本图书馆CIP数据核字(2021)第221827号

中华人民共和国就业促进法注释本
ZHONGHUA RENMIN GONGHEGUO
JIUYE CUJINFA ZHUSHIBEN

法律出版社法规中心 编

责任编辑 李群 翁潇潇
装帧设计 李瞻

出版发行 法律出版社
编辑统筹 法规出版分社
责任校对 张红蕊
责任印制 张建伟
经 销 新华书店

开本 850毫米×1168毫米 1/32
印张 4.5 字数 90千
版本 2021年12月第2版
印次 2021年12月第1次印刷
印刷 三河市龙大印装有限公司

地址：北京市丰台区莲花池西里7号(100073)
网址：www.lawpress.com.cn
投稿邮箱：info@lawpress.com.cn
举报盗版邮箱：jbwq@lawpress.com.cn

销售电话：010-83938349
客服电话：010-83938350
咨询电话：010-63939796

书号：ISBN 978-7-5197-6131-8　　定价：16.00元

凡购买本社图书，如有印装错误，我社负责退换。电话：010-83938349

编辑出版说明

现代社会是法治社会，社会发展离不开法治护航，百姓福祉少不了法律保障。遇到问题依法解决，已经成为人们处理矛盾、解决纠纷的不二之选。然而，面对纷繁复杂的法律问题，如何精准、高效地找到法律依据，如何完整、准确地理解和运用法律，日益成为人们“学法、用法”的关键所在。

为了帮助读者快速准确地掌握“学法、用法”的本领，我社开创性地推出了“法律单行本注释本系列”丛书，至今已十余年。本丛书历经多次修订完善，现已出版近百个品种，涵盖了社会生活的重要领域，已经成为广大读者学习法律、应用法律之必选图书。

本丛书具有以下特点：

1. 出版机构权威。成立于1954年的法律出版社，是全国首家法律专业出版机构，始终秉承“为人民传播法律”的宗旨，完整记录了中国法治建设发展的全过程，享有“社会科学类全国一级出版社”等荣誉称号，入选“全国百佳图书出版单位”。

2. 编写人员专业。本丛书皆由相关法律领域内的专业人士编写，并引入匿名审稿评估制度，确保图书内容始终紧跟法治进程，反映最新立法动态，体现条文内涵。

3. 法律文本标准。作为专业的法律出版机构，多年来，我社始终使用全国人民代表大会常务委员会公报刊登的法律文本，积淀了丰富的标准法律文本资源，并根据立法进度及时更新相关内容。

4. 条文注解精准。本丛书以立法机关的解读为蓝本，对每个条文提炼出条文主旨，并对重点条文进行注释，使读者能精准掌握立法意图，轻松理解条文内容。

5. 配套附录实用。书末"附录"部分收录的均为重要的相关法律、法规和司法解释，使读者在使用中更为便捷，使全书更为实用。

需要说明的是，本丛书中"适用提要""条文主旨""条文注释"等内容皆是编者为方便读者阅读、理解而编写，不同于国家正式通过、颁布的法律文本，不具有法律效力。本丛书不足之处，恳请读者批评指正。

我们用心打磨本丛书，以期待为法律相关专业的学生释法解疑，致力于为每个公民的合法权益撑起法律的保护伞。

法律出版社法规中心

2021年11月

目　　录

附 录

《中华人民共和国就业促进法》适用提要

《就业促进法》[①]颁布于 2007 年 8 月 30 日，于 2015 年 4 月 24 日进行修正。就业关乎民生之本；我国就业压力大，就业形势严峻。在《就业促进法》出台前，我国没有关于就业促进的专门立法，促进就业更多是依靠国家的积极就业政策予以调整，相关规定散见于《劳动就业服务企业管理规定》、《职业指导办法》（已失效）、《就业训练规定》（已失效）、《职业介绍服务规程（试行）》、《劳动力市场管理规定》（已失效）等规范性文件中。为了建立起促进就业的长效机制，促进经济发展与扩大就业相协调，促进社会和谐稳定，国家制定了《就业促进法》。

促进就业和治理失业是政府的重要职责。《就业促进法》明确了各级人民政府在促进就业中的职责，并将其职责落实到政策支持、公平就业、就业服务和管理、职业教育和培训、就业援助等方面。《就业促进法》要求各级人民政府把扩大就业作为经济和社会发展的重要目标，将有利于促进就

① 为方便读者阅读，本书中法律法规名称均使用简称。

业的产业政策、财政政策、税收政策、金融政策、城乡统筹的就业政策、区域统筹的就业政策、群体统筹的就业政策、有利于灵活就业的劳动和社会保险政策、就业援助政策、失业保险促进就业政策十大政策上升为法律规范。

在公平就业方面,政府要创造公平就业的环境,消除就业歧视,制定政策并采取措施对就业困难人员给予扶持和援助,建立起包括妇女、少数民族劳动者、残疾人、传染病病原携带者、农村劳动者在内的特殊群体保障体系。

在就业服务和管理方面,各级人民政府要培育和完善统一开放、竞争有序的人力资源市场,建立健全公共就业服务体系,为劳动者就业提供服务,并规范管理职业中介机构和职业中介活动。

在职业教育和培训方面,国家依法发展职业教育,鼓励开展职业培训,增强劳动者的就业能力和创业能力。

在劳动就业援助方面,各级人民政府建立健全就业援助制度,对就业困难人员实行优先扶持和重点帮助,其中特别规定了对城市零就业家庭的就业援助。

在监督检查方面,《就业促进法》针对政府促进就业的重要职责,规定了促进就业的目标责任制度,对各级人民政府和有关部门进行考核和监督,同时规定了审计机关、财政部门和劳动行政部门的监督检查责任。

在法律责任方面,《就业促进法》规定了不同主体的法律责任,包括劳动行政等有关部门及其工作人员、各级人民政府和有关部门、公共就业服务机构、企业以及与职业中介活动相关的机构和人员的法律责任。

为贯彻落实《就业促进法》,原劳动和社会保障部于

2007年11月5日颁布了《就业服务与就业管理规定》，进一步细化了《就业促进法》中就业服务和管理、就业援助的相关内容。该规定自2008年1月1日起与《就业促进法》配套施行。后来，该规定为了适应社会发展的需要，于2014年、2015年、2018年进行了三次修订。

中华人民共和国就业促进法

（2007年8月30日第十届全国人民代表大会常务委员会第二十九次会议通过　根据2015年4月24日第十二届全国人民代表大会常务委员会第十四次会议《关于修改〈中华人民共和国电力法〉等六部法律的决定》修正）

第一章　总　　则

第一条　【立法目的】[1]为了促进就业，促进经济发展与扩大就业相协调，促进社会和谐稳定，制定本法。

条文注释[2]

本条是关于本法立法目的的规定。

本法的立法目的是：(1)扩大就业。就业是民生之本，也是安国之策。实现比较充分的社会就业，为一切有劳动能力的人提供就业机会，是政府的重要职责，也是全社会的共同责任。(2)促进经济发展，促进社会和谐稳定。社会要和谐，首先要发展。必须坚持用发展的办法解决社会在前进中遇到的问题，大力发展社会生产力，不断为社会和谐创造物质

①②　条文主旨、条文注释为编者所加，仅供参考，下同。——编者注

基础。同时，更加注重发展社会事业，推动经济和社会协调发展。切实解决好就业问题，使经济和社会发展的成果惠及广大人民群众，充分调动群众的主动性、创造性，促进社会的和谐稳定。

关联法规

《国务院关于做好促进就业工作的通知》

《〈中华人民共和国就业促进法〉宣传提纲》

第二条　【就业方针】国家把扩大就业放在经济社会发展的突出位置，实施积极的就业政策，坚持劳动者自主择业、市场调节就业、政府促进就业的方针，多渠道扩大就业。

条文注释

本条是关于国家就业政策和就业方针的规定。

当前，我国的就业政策是积极的就业政策。所谓积极的就业政策，是指我国政府坚持通过发展经济、调整经济结构、深化改革、协调发展城乡经济以及完善社会保障体系促进就业；并采取各种有效措施，千方百计增加就业，扩大就业规模。我国积极就业政策体系主要有以下四个方面的内容：一是在经济发展和结构调整中广开就业门路。二是运用财税、金融等政策扶持再就业。具体扶持政策有税费减免、小额贷款、社保补贴等。三是改进和完善就业服务体系，加强人力资源能力建设。包括健全公共就业服务制度，加强劳动力市场信息化建设，加强高技能人才培养等。四是加强对就业的管理和对失业的控制。

我国的就业方针是"劳动者自主择业、市场调节就业、政府促进就业"。劳动者自主择业，是指劳动者个人是市场就业的主体,其拥有《宪法》赋予的就业的权利和择业的自由。市场调节就业,是指通过培育与发展劳动力市场,把市场机制作为配置劳动力资源的基础性调节手段,实现用人单位和劳动者的双向选择。政府促进就业,是指政府通过宏观经济与就业协调发展的政策发展经济,包括第三产业、个体私营经济,增加就业岗位;实行积极的就业服务,扩大投入,推动就业服务体系发展。

关联法规

《劳动法》第2章

《国务院关于做好促进就业工作的通知》(一)

《〈中华人民共和国就业促进法〉宣传提纲》二

第三条 【平等就业】劳动者依法享有平等就业和自主择业的权利。

劳动者就业,不因民族、种族、性别、宗教信仰等不同而受歧视。

条文注释

本条是关于劳动者平等就业权、自主择业权以及不受歧视原则的规定。

劳动就业权是具有劳动权利能力和劳动行为能力的有劳动愿望的劳动者,依法从事有劳动报酬或者经营收入的劳动的权利。劳动就业权在各项劳动权利中居于首要地位,是劳动者赖以生存的权利,是各国宪法确认和保护公民的一项重要基本权利。

自主择业权,是指公民可以根据自己的兴趣,自主选择不同行业、不同岗位的权利;在行使选择权利时,任何公力机构和个人不得干涉。自主择业权必须依赖于劳动力市场的形成，只有在劳动力市场形成后，劳动者才具有选择职业的权利，也才有选择行业、选择岗位的权利。

平等就业权包含以下三层含义：一是任何公民都平等地享有就业的权利和资格，不因民族、种族、性别、年龄、文化、宗教信仰、经济能力等不同而受到限制。二是在应聘某一职位时，任何公民都要平等地参与竞争，任何人不得享有特权，也不得对任何人进行歧视。三是平等不等于同等。平等，是指对于符合要求、符合特殊职位条件的人，应给予他们平等的机会，而不是无论条件如何都同等对待。平等就业权，意味着劳动者在就业时享受与其他劳动者平等机会的权利，不因民族、种族、性别、宗教信仰、年龄、身体状况等因素不同而受歧视。

关联法规

《宪法》第33条

《劳动法》第12条

第四条　【促进就业的规划】县级以上人民政府把扩大就业作为经济和社会发展的重要目标，纳入国民经济和社会发展规划，并制定促进就业的中长期规划和年度工作计划。

条文注释

本条是关于县级以上人民政府对就业规划进行引导的规定。

就业问题是经济和社会发展的一个重要问题，必须高度重视。面对严峻的就业形势和巨大的就业压力，要实现社会就业比较充分的目标，就必须进一步加大促进就业工作力度，特别是健全促进就业的长效机制，明确政府促进就业的职责,强化政府促进就业的责任,把扩大就业作为经济发展和调整经济结构的重要目标,纳入国民经济和社会发展规划,并制定促进就业的中长期规划和年度工作计划。县级以上人民政府在把扩大就业纳入国民经济和社会发展规划并制定促进就业的中长期规划和年度工作计划时,应当处理好扩大就业与经济发展和调整经济结构的关系。

关联法规

《国务院关于做好促进就业工作的通知》(一)

第五条 【促进就业的措施】县级以上人民政府通过发展经济和调整产业结构、规范人力资源市场、完善就业服务、加强职业教育和培训、提供就业援助等措施,创造就业条件,扩大就业。

条文注释

本条是关于促进就业的措施的规定。

妥善解决就业问题,必须进一步深入贯彻落实习近平新时代中国特色社会主义思想,制定促进就业的长期战略,实施积极的就业政策,积极创造就业条件,不断扩大就业规模,改善就业结构,提高就业质量。当前,我国在扩大就业、创造就业条件方面采取的措施主要有:

(1)保持国民经济持续快速协调健康发展,合理调整产业布局和经济结构,提高对就业的拉动能力。

(2)大力发展第三产业。解决我国就业问题,主要潜力在第三产业。我国第三产业的就业人数一直呈快速增加的趋势,第三产业已成为新增就业的主渠道。

(3)实施积极的就业政策,提高对就业困难群众的扶持力度。在市场经济条件下,保护和扶持在市场竞争中处于不利地位的劳动者，是政府弥补市场缺陷的一项基本职责。

(4)完善公共就业服务体系，提高促进就业的服务能力。建立公共就业服务体系，是政府实施社会管理和公共服务的一项重要职责，是促进就业、调节劳动力市场、维护社会公平的有效措施。

(5)发展职业教育，加强职业培训，提高劳动者的就业能力和适应职业变化的能力。

关联法规

《国务院关于做好促进就业工作的通知》(二)

《〈中华人民共和国就业促进法〉宣传提纲》三

第六条　【促进就业工作协调机制】国务院建立全国促进就业工作协调机制，研究就业工作中的重大问题，协调推动全国的促进就业工作。国务院劳动行政部门具体负责全国的促进就业工作。

省、自治区、直辖市人民政府根据促进就业工作的需要，建立促进就业工作协调机制，协调解决本行政区域就业工作中的重大问题。

县级以上人民政府有关部门按照各自的职责分工，共同做好促进就业工作。

关联法规

《国务院关于做好促进就业工作的通知》(二十一)

《〈中华人民共和国就业促进法〉宣传提纲》四

第七条 【树立正确的择业观念】国家倡导劳动者树立正确的择业观念，提高就业能力和创业能力；鼓励劳动者自主创业、自谋职业。

各级人民政府和有关部门应当简化程序，提高效率，为劳动者自主创业、自谋职业提供便利。

条文注释

本条是关于国家倡导劳动者树立正确的择业观念以及政府采取措施鼓励劳动者自主创业、自谋职业的规定。

树立正确的择业观念，是指劳动者应当树立自主择业观、竞争就业观、职业平等观以及其他多种方式就业观。政府应采取一系列优惠政策，促使待业者树立正确择业、竞争就业、自主就业和流动就业的观念。

自谋职业，是指劳动者主要依靠自己的信息、技术、经验以及其他因素自己获得就业机会。政府应当做好待业者的思想政治工作，引导他们树立正确的择业观，大胆走自谋职业之路。要加强对待业者的教育，引导他们认识到当今社会就业靠竞争、多一门技能就多一条生路的道理。

自主创业，是指劳动者主要依靠自己的资本、资源、信息、技术、经验以及其他因素自己创办实业，解决就业问题。政府应当引导待业者树立自主创业意识。政府应把主要精力放在研究自主创业思路、制定自主创业政策、开发自主创业门路、进行自主创业教育上。政府应当简化程序，提高效率，为劳动者自主创业、自谋职业提供便利。政府应当坚持从实际出发，有针对性地抓好对失业人员的教育培训，扩大职业教育和职业培训的覆盖范围，提高劳动者的技能水平，拓展劳动者的就业空间。

关联法规

《国务院关于做好促进就业工作的通知》(三)

第八条 【用人单位的权利和义务】用人单位依法享有自主用人的权利。

用人单位应当依照本法以及其他法律、法规的规定,保障劳动者的合法权益。

条文注释

本条是关于用人单位的权利和义务的规定。

用人单位的自主用人权,是指用人单位在法律规定的范围内,有权根据市场需要、工作要求以及经济形势等因素自主决定是否招人、招什么人等行为的权利。

劳动者的合法权益,主要是指劳动权、休息权、获得物质帮助权、平等权、取得劳动报酬权、获得劳动安全卫生保护权、接受职业培训权、享受社会保险和社会福利权以及提请劳动争议处理权等权利。

企业自主用人是法律和市场赋予企业的权利,这一权利自然也要受到法律和市场制约,企业用人必须遵守国家相关法律法规和社会公平原则。企业为了利润、竞争和生存,可以享有采取一些措施和做法的权利;但基于公平原则,企业的用人自主权必须受到禁止权利滥用原则的限制。企业的存在目的是追求利益最大化;但这种追求应该尽可能地满足全社会的福祉和社会正义,尽可能地促进社会的和谐稳定和经济的健康发展。

关联法规

《就业服务与就业管理规定》第3章

第九条　【社会组织的责任】工会、共产主义青年团、妇女联合会、残疾人联合会以及其他社会组织，协助人民政府开展促进就业工作，依法维护劳动者的劳动权利。

条文注释

本条是关于社会组织协助人民政府开展促进就业工作，依法维护劳动者的劳动权利的规定。

现代社会组织的目的往往是多元的。无论是政府组织、企业组织，还是非政府组织、民间团体，每个组织几乎都有其基本目的和附属目的。组织目的的多元化和多样性已经使其责任的外延大大地扩大了。也就是说，任何现代的组织不仅有基本责任，同时也有其他相关的责任。协助人民政府开展促进就业工作，依法维护劳动者的劳动权利，是我国工会等社会组织承担社会责任的重要方面。所谓社会责任，是社会对其成员的期待和要求，无论这个成员是个人还是组织抑或机构。

关联法规

《工会法》第6条

《残疾人保障法》第8条

《国务院关于做好促进就业工作的通知》(二十一)

《〈中华人民共和国就业促进法〉宣传提纲》三

第十条　【表彰和奖励】各级人民政府和有关部门对在促进就业工作中作出显著成绩的单位和个人，给予表彰和奖励。

条文注释

本条是关于促进就业中行政奖励的规定。

行政奖励,是指行政主体为了表彰先进、激励后进,充分调动和激发人们的积极性和创造性,依照法定条件和程序,对为国家、社会和人民作出突出贡献或者模范遵纪守法的个人和组织,给予物质或者精神奖励的具体行政行为。

行政奖励的内容包括以下三个方面:(1)物质方面的权益,是指给予受奖人一定奖品或奖金的奖励。(2)精神方面的权益,是指给予受奖人某种荣誉的奖励,如通报表扬、记功、授予荣誉称号等。(3)职务方面的权益,是指给予受奖人职务上一定晋升的奖励,如晋升为副处长、晋升为巡视员等。

行政奖励的形式主要有以下六种:(1)通报表扬,是实施行政奖励的主体以一定的形式,在一定的范围内对受奖人进行公开的肯定和赞扬。(2)记功,是实施行政奖励的主体公开对受奖人加以肯定,并记入受奖人个人或单位档案的一种奖励形式。(3)奖金或奖品,是实施行政奖励的主体给受奖人发奖金或奖品的奖励形式。(4)晋级,是实施行政奖励的主体以提高受奖人工资级别的方式,对受奖人进行的奖励。(5)通令嘉奖,是较高级别的行政奖励主体在较大范围内公开对受奖人进行肯定和赞扬,并明确对受奖人以通令嘉奖的形式予以奖励。(6)授予荣誉称号,是实施行政奖励的主体对受奖者授予先进工作者、劳动模范等称号。以上几种奖励形式,除了奖品或奖金和晋级属于物质奖励外,其他形式都属于精神奖励。

关联法规

《公务员法》第8章

《国务院关于做好促进就业工作的通知》(二十二)

《〈中华人民共和国就业促进法〉宣传提纲》三

第二章 政策支持

第十一条 【统筹协调就业政策】县级以上人民政府应当把扩大就业作为重要职责，统筹协调产业政策与就业政策。

条文注释

本条是关于扩大就业是县级以上人民政府法定职责的规定。

1. 扩大就业是县级以上人民政府的法定职责

就业是民生之本、安国之策。解决好人民群众最关心、最现实的就业问题，实现全社会比较充分的就业，既是实现中华民族伟大复兴中国梦的重要基础，也是各级人民政府解决当前影响经济和社会发展问题的有效切入点。本法第2条明确规定，国家把扩大就业放在经济社会发展的突出位置，实施积极的就业政策，坚持劳动者自主择业、市场调节就业、政府促进就业的方针，多渠道扩大就业。

县级以上人民政府把扩大就业作为经济和社会发展的重要目标，纳入国民经济和社会发展规划，并制定促进就业的中长期规划和年度工作计划。县级以上人民政府通过发展经济和调整产业结构、规范人力资源市场、完善就业服务、加强职业教育和培训、提供就业援助等措施，创造就业条件，扩大就业。

国务院建立全国促进就业工作协调机制，研究就业工作中的重大问题，协调推动全国的促进就业工作。省、自治区、直辖市人民政府根据促进就业工作的需要，建立促进就业工作协调机制，协调解决该行政区域就业工作中的重大问题。县级以上人民政府有关部门按照各自的职责分工，共同做好促进就业工作。各级人民政府和有关部门应当建立促进就业的目标责任制度。县级以上人民政府按照促进就业目标责任制的要求，对所属的有关部门和下一级人民政府进行考核和监督。

2. 统筹协调产业政策与就业政策

经济发展是扩大就业的前提条件，是解决失业问题的根本出路。保持国民经济快速、持续、稳定增长，不仅有利于避免由于经济波动产生的周期性失业；而且有利于提高有效就业率，扩大就业规模。同时，就业量的增加，可以有效利用劳动力资源，提高劳动者收入，从而促进经济发展。需要注意的是，有了经济增长并不一定有就业增长，因为这种拉动效应还会受到经济增长方式等多种因素的影响。

关联法规

《〈中华人民共和国就业促进法〉宣传提纲》五

第十二条　【促进就业的产业政策】国家鼓励各类企业在法律、法规规定的范围内，通过兴办产业或者拓展经营，增加就业岗位。

国家鼓励发展劳动密集型产业、服务业，扶持中小企业，多渠道、多方式增加就业岗位。

国家鼓励、支持、引导非公有制经济发展，扩大就业，增加就业岗位。

条文注释

本条是关于促进就业的产业政策的规定。

围绕经济和社会发展，国家多渠道、多方式开发就业岗位，千方百计扩大就业。

(1)鼓励兴办产业或者拓展经营。经济规模，也称经济总量，是经济增长的结果。对一个国家来说，经济总量是用国内生产总值(GDP)表示的创造财富的总水平。只有“把蛋糕做大”，才能在需求不变的情况下，分配给更多的人。兴办产业和拓展经营是扩大经济规模，进而增加就业岗位的重要方式。

(2)发展劳动密集型产业、服务业，扶持中小企业发展。劳动密集型产业，是指对劳动力的需求比对资本需求多的产业，与资本密集型产业相对。这些产业一般是规模较小，雇用工人很多，制造流程自动化程度不高的产业。服务业，即第三产业，是国民经济的重要组成部分。结合我国国情，应大力拓展商贸、餐饮等传统服务业领域的就业渠道，努力发展旅游业，增加就业，尤其要积极开发社区服务业的就业岗位。中小企业是目前扩大就业、帮助失业人员实现就业以及吸纳农村富余劳动力的重要力量。

(3)鼓励、支持、引导非公有制经济发展。积极发展个体、私营等非公有制经济，有利于繁荣城乡经济、增加财政收入，有利于扩大社会就业、改善人民生活，有利于优化经济结构、促进经济发展，对加快社会主义现代化进程具有重大的战略意义。

关联法规

《劳动法》第10条

《中小企业促进法》第4章

《国务院关于做好促进就业工作的通知》(二)

《国务院关于加快发展服务业的若干意见》

《国务院关于鼓励支持和引导个体私营等非公有制经济发展的若干意见》

《〈中华人民共和国就业促进法〉宣传提纲》五

第十三条　【发展国内外贸易】国家发展国内外贸易和国际经济合作，拓宽就业渠道。

条文注释

本条是关于发展国内外贸易的规定。

国内贸易，是指在一国国内进行的贸易，主要包括国内的批发业、零售业、餐饮业、住宿业、物流配送业及部分生产生活服务业。国内贸易在引导生产、扩大消费、增加就业、促进经济和社会发展、提高人民生活水平方面发挥着重要作用。

国外贸易，是指国际贸易活动中一国或地区同其他国家或地区进行的货物、技术和服务的交换活动。进出口贸易对就业增长的影响较大。随着服务业逐渐成为容纳劳动力的主渠道，我国服务贸易继续快速发展，优化了经济结构，减少了资源、能源消耗，带动了就业。

国际经济合作，是指世界上不同国家（地区）政府、国际经济组织，在生产领域和流通领域（侧重生产领域）内进行的，以生产要素的国际移动和重新合理组合配置为主要内容的较长期的经济协作活动。国际经济合作的方式包括国际直接投资合作、国际间接投资合作、国际科技合作、国际劳务合作、国际土地合作、国际经济信息与经济管理合作、国际经济援助、国际经济政策的协调与合作。当代国际经济合作具有全球性、经常性和持久性的综合特征，并且合作范围广、领域宽、方式灵活多样。

第十四条　【重大建设项目带动就业】县级以上人民政府在安排政府投资和确定重大建设项目时，应当发挥投资和重大建设项目带动就业的作用，增加就业岗位。

条文注释

本条是关于县级以上人民政府应当发挥投资和重大建设项目带动就业的作用，增加就业岗位的规定。

投资，是指经济主体以获得未来货币增值或收益为目的，预先垫付一定量的货币与实物，经营某项事业的经济行为。政府投资，是指中央人民政府和地方各级人民政府进行的投资，通常表现为财政投资。政府投资实质是政府作为特殊的经济主体，引导社会生产，稳定社会生活，保持经济和社会的正常发展。政府投资在促进就业方面发挥着重要作用。

政府重大建设项目包括国家重大建设项目和地方重大建设项目。国家重大建设项目，是指国家出资、融资，建设周期较长的建设项目。地方重大建设项目，是指地方人民政府出资、融资，经地方人民政府确定的对国民经济和社会发展有较大影响的建设项目。重大建设项目具有规模大、劳动力需求量大、周期长等特点，其往往可以在一定时期内解决相当数量劳动者的就业问题。县级以上人民政府在安排政府投资和确定重大建设项目时，应当充分发挥投资和重大建设项目在带动就业方面的作用，增加就业岗位。

关联法规

《国务院关于进一步加强就业再就业工作的通知》(三)

第十五条　【促进就业的财政政策】国家实行有利于促进就业的财政政策，加大资金投入，改善就业环境，扩大就业。

县级以上人民政府应当根据就业状况和就业工作目标，在财政预算中安排就业专项资金用于促进就业工作。

就业专项资金用于职业介绍、职业培训、公益性岗位、职业技能鉴定、特定就业政策和社会保险等的补贴，小额贷款担保基金和微利项目的小额担保贷款贴息，以及扶持公共就业服务等。就业专项资金的使用管理办法由国务院财政部门和劳动行政部门规定。

条文注释

本条是关于国家实行有利于促进就业的财政政策的规定。

就业专项资金，是指财政专门用于促进就业工作的资金，是法律规定的专门用于促进就业工作的财政专项资金。就业专项资金的来源是政府财政。其使用范围包括职业介绍、职业培训、公益性岗位、职业技能鉴定、特定就业政策和社会保险等项目的补贴，小额贷款担保基金和微利项目的小额担保贷款贴息，以及扶持公共就业服务等。

就业专项资金必须坚持专款专用的原则，严格按照规定的范围、标准和程序进行管理和使用。各有关部门要切实履行职能，加强管理和监督，进一步提高就业专项资金使用管理的规范性、安全性和有效性。不得擅自扩大支出范围和提高支出标准，严禁截留、挤占、挪用、骗取就业专项资金，不得用于建设办公楼、培训基地等各项基本建设支出及与就业工作无关的其他方面支出。审计机关、财政部门应当依法对就业专项资金的管理和使用情况进行监督检查。对违规使用就业专项资金的,要按有关规定严肃处理。

关联法规

《国务院关于做好促进就业工作的通知》(十三)

《〈中华人民共和国就业促进法〉宣传提纲》五

第十六条 【失业保险制度】国家建立健全失业保险制度,依法确保失业人员的基本生活,并促进其实现就业。

条文注释

本条是关于国家建立健全失业保险制度的规定。

失业保险是社会保险的重要组成部分。失业保险制度是国家集中建立保障资金,对遭遇失业风险而失去收入来源的劳动者在一定时期内提供基本生活保障的一种社会保险制度。失业保险制度有两大功能:一是对失业人员进行救济,保障其基本生活,维护社会稳定;二是促进失业者尽快就业,从而减少失业。生活保障功能是失业保险制度设立的最初目的,而强化就业功能则是失业保险制度的发展趋势。

建立失业保险制度的目标主要是通过保障尽可能多的失业者在失业期间的基本生活,来维持社会安定,缩小劳动者之间的收入差距,保证劳动力的合理流动,促进劳动力资源的合理配置,促进经济发展,发挥"社会稳定器"的作用。

失业保险基金由国家、单位和个人三方共同负担,所有参加失业保险的单位和职工个人只要符合规定都可以享受失业保险待遇。失业保险金的标准,按照低于当地最低工资标准、高于城市居民最低生活保障标准的水平,由省、自治区、直辖市人民政府确定。

关联法规

《失业保险条例》

《国务院关于做好促进就业工作的通知》(二十四)

《〈中华人民共和国就业促进法〉宣传提纲》三

第十七条　【促进就业的税收优惠政策】国家鼓励企业增加就业岗位,扶持失业人员和残疾人就业,对下列企业、人员依法给予税收优惠:

(一)吸纳符合国家规定条件的失业人员达到规定要求的企业;

(二)失业人员创办的中小企业;

(三)安置残疾人员达到规定比例或者集中使用残疾人的企业;

(四)从事个体经营的符合国家规定条件的失业人员;

(五)从事个体经营的残疾人;

(六)国务院规定给予税收优惠的其他企业、人员。

条文注释

本条是关于国家通过税收优惠鼓励企业增加就业岗位,扶持失业人员和残疾人就业的规定。

税收作为政府宏观经济调控的重要杠杆,对就业水平的高低和就业结构的调整有很大影响。本条规定的税收优惠政策,很好地发挥了税收在个人层面(特殊群体、失业人员)和企业层面的就业效应。国家对下列企业、人员依法给予税收优惠:

(1)吸纳符合国家规定条件的失业人员达到规定要求的企业。国家对当年吸纳失业人员达到国家规定比例的中小企业,在一定期限内减征、免征所得税,实行税收优惠。

(2)失业人员创办的中小企业。国家对失业人员创办的中小企业,在一定期限内减征、免征所得税,实行税收优惠。

(3)安置残疾人员达到规定比例或者集中使用残疾人的企业。

(4)从事个体经营的符合国家规定条件的失业人员。

(5)从事个体经营的残疾人。国家鼓励扶持残疾人自主择业、自主创业,对残疾人从事个体经营的,应当依法给予税收优惠。

(6)国务院规定给予税收优惠的其他企业、人员。

关联法规

《中小企业促进法》第25条

《个人所得税法》第5条

《企业所得税法》第30条

《残疾人就业条例》第19条

第十八条　【对残疾人等的就业照顾】对本法第十七条第四项、第五项规定的人员,有关部门应当在经营场地等方面给予照顾,免除行政事业性收费。

条文注释

本条是关于符合国家规定条件的失业人员或者残疾人从事个体经营的,有关部门应给予照顾的规定。

残疾人,是指在心理、生理、人体结构上某些组织、功能丧失或者不正常,全部或部分丧失以正常方式从事某种活动的能力的人。为了保障残疾人劳动权的实现,国家应采取辅助方法和扶持措施，对残疾人给予特别扶助，以减轻或者消除残疾人在就业中的外界影响和障碍。

本条规定，对于残疾人从事个体经营的，有关部门应当在经营场地等方面给予照顾，免除行政事业性收费，对残疾人劳动权利的保护更加全面、周到，有利于残疾人就业权利的实现。行政事业性收费，是指国家机关、事业单位、代行政府职能的社会团体及其他组织根据法律法规等有关规定，依照国务院规定程序审批，在进行社会公共管理以及在向公民、法人提供特定公共服务过程中，向特定对象收取的费用。

关联法规

《宪法》第45条

《残疾人保障法》第4章

《残疾人就业条例》第19条

《国务院关于做好促进就业工作的通知》（九）

第十九条　【促进就业的金融政策】国家实行有利于促进就业的金融政策，增加中小企业的融资渠道；鼓励金融机构改进金融服务，加大对中小企业的信贷支持，并对自主创业人员在一定期限内给予小额信贷等扶持。

条文注释

本条是关于国家实行有利于促进就业的金融政策的规定。

金融政策工具包括存款准备金率、利率、再贴现、中央银行再贷款等，还包括商业银行信贷、政策性出口信贷和出口信用保险等工具。通过有效使用各种金融政策工具，国家可以对经济进行调控。目前我国的中小企业大多是非公有制企业，吸纳劳动力的能力与日俱增。只有当经济发展对劳动力产生了更多需求时，就业状况才能得以改善。

融资是通过信用交换形式吸收资金、集中资金和分配使用资金的活动，是资本市场的主要内容。目前，虽然中小企业获得了良好的发展机遇，但是也遇到了很多问题；融资难是核心问题，已经成为制约中小企业发展的“瓶颈”。实际操作中，可以通过发行公司债券、发行股票、发展中小企业板市场、完善中小企业信用担保法律制度、发展中小企业合作金融等方式，扩大中小企业的融资渠道。对自主创业人员在一定期限内给予小额信贷等扶持，可以使自主创业人员获得创业的启动资金，解决资金难题。另外，还可以把小额信贷与支持性服务结合起来，如提供有一定补贴的管理和技能培训、帮助寻找和利用资源、提供新技术和市场服务等。

关联法规

《中小企业促进法》第3章

《国务院关于做好促进就业工作的通知》(十)

《〈中华人民共和国就业促进法〉宣传提纲》五

第二十条　【城乡统筹的就业政策】国家实行城乡统筹的就业政策，建立健全城乡劳动者平等就业的制度，引导农业富余劳动力有序转移就业。

县级以上地方人民政府推进小城镇建设和加快县域经济发展，引导农业富余劳动力就地就近转移就业；在制定小城镇规划时，将本地区农业富余劳动力转移就业作为重要内容。

县级以上地方人民政府引导农业富余劳动力有序向城市异地转移就业；劳动力输出地和输入地人民政府应当互相配合，改善农村劳动者进城就业的环境和条件。

条文注释

本条是关于建立健全城乡劳动者平等就业制度,引导农业富余劳动力有序转移就业的规定。

本条第1款规定,国家实行城乡统筹的就业政策,建立健全城乡劳动者平等就业的制度,引导农业富余劳动力有序转移就业。目前,城乡劳动者在参与劳动力市场竞争时,在市场准入、就业管理、劳动分配、劳动保护、社会保险和福利待遇等方面还不尽相同。对农村劳动者设置就业壁垒,存在很多弊端。因此,要加快建立健全有利于逐步改变城乡二元结构的体制,实行城乡劳动者平等就业的制度,建立健全与经济发展水平相适应的多种形式的农村社会保障制度。充分发挥市场配置资源的基础性作用,推进征地、户籍等制度改革,逐步形成城乡统一的要素市场,增强农村经济发展活力。

本条第2款规定,县级以上地方人民政府引导农业富余劳动力就地就近转移就业。由于我国人口基数大,农村人口多,不能单纯依靠发展大城市来吸纳农村人口,必须依靠推进小城镇建设和加快县域经济发展来解决农业富余劳动力就业问题。农业富余劳动力跨区域流动就业,既会为城镇经济发展注入新的生机活力,促进城镇经济和社会的繁荣;又将开辟农民增收的新渠道,成为农村经济发展新的增长点。

本条第3款规定,县级以上地方人民政府引导农业富余劳动力有序向城市异地转移就业。实现城乡劳动力市场一体化,可以在城乡协调发展的前提下,通过制定公平的竞争规则,消除过去存在于劳动力市场的多种制度性的差别、歧视和障碍。采取一体化的就业政策和就业管理政策,为农业富余劳动力在城乡间、地区间实现自由、合理、有序的流动,创造公平、公正和充满竞争的市场环境。县级以上地方人民政府应加强对劳动力市场的管理,引导农业富余劳动力有序向城市异地转移就业;劳动力输出地和输入地人民政府应当共同配合,改善农村劳动者进城就业的环境和条件。

关联法规

《国务院关于做好促进就业工作的通知》(二)

《〈中华人民共和国就业促进法〉宣传提纲》五

第二十一条 【协调区域就业】国家支持区域经济发展,鼓励区域协作,统筹协调不同地区就业的均衡增长。

国家支持民族地区发展经济,扩大就业。

条文注释

本条是关于统筹协调不同地区就业增长和支持民族地区发展经济、扩大就业的规定。

本条第1款规定,国家支持区域经济发展,鼓励区域协作,统筹协调不同地区就业的均衡增长。我国幅员辽阔,各地经济发展很不平衡。经济发展不平衡导致大量人才向大中城市集中,各地就业不均衡。按照平等互利、加强合作、资源优化、共同发展的原则,发展区域经济,进行区域协作,形成区域合作、互动、多赢的协调机制,有利于促进资源的合理配置和生产要素的合理流动,有利于不同地区就业的均衡增长。

本条第2款规定,国家支持民族地区发展经济,扩大就业。民族地区人员就业问题的解决程度和社会、经济的发展情况,直接关系国家的富强繁荣和稳定。由于生活习惯、文化观念等各方面的影响,少数民族在就业过程中处于不利地位。因此,国家必须采取扶持和帮助的特殊政策,对少数民族的就业进行特殊保障,促进少数民族就业平等权的实现。

关联法规

《〈中华人民共和国就业促进法〉宣传提纲》五

第二十二条 【统筹三类人群的就业工作】各级人民政府统筹做好城镇新增劳动力就业、农业富余劳动力转移就业和失业人员就业工作。

条文注释

本条是关于各级人民政府统筹做好三类人群的就业工作的规定。

为了统筹做好城镇新增劳动力的就业工作,政府可以采取相关调控措施和手段。例如,通过积极发展经济和各项社会事业增加就业岗位,积极开发和创造适合高校毕业生就业的公益性岗位,鼓励各行各业吸纳高校毕业生就业。进一步加强高校毕业生就业服务体系建设,特别是加强就业服务信息化建设,积极培育并规范就业市场。大力完善并落实高校毕业生的社会保障政策,特别是落实失业登记、临时救助和就业后社会保险参保等政策。

转移农业富余劳动力是一项系统工程,结构复杂,涉及城镇与农村、城镇与城市等多方面的关系。因此,这项系统工程必须由政府统筹协调,制定总体规划,实行必要的宏观调控;不能放任自流,完全由市场调节。具体而言,政府可以通过发展农村教育、加强职业培训、进行城镇建设等途径为农业富余劳动力转移就业搭建平台,统筹协调做好农业富余劳动力的转移就业工作。

失业人员,是指在法定劳动年龄内,有工作能力,无业且要求就业而未能就业的人员。其中,虽然从事一定社会劳动，但劳动报酬低于当地城市居民最低生活保障标准的，视同失业。我国高度重视失业人员的情况并采取了一系列措施保障他们的就业工作。

关联法规

《国务院关于做好促进就业工作的通知》（四）

第二十三条　【灵活就业】各级人民政府采取措施，逐步完善和实施与非全日制用工等灵活就业相适应的劳动和社会保险政策，为灵活就业人员提供帮助和服务。

条文注释

本条是关于政府逐步完善与灵活就业相适应的劳动和社会保险政策，为灵活就业人员提供帮助和服务的规定。

灵活就业，是指在传统主流就业形式之外的其他就业形式，主要包括在劳动时间、收入报酬、工作场地、保险福利、劳动关系等方面不同于建立在工业化和现代工厂制度基础上、传统主流就业方式的各种就业形式的总称。多种灵活就业方式的出现与发展是对传统就业模式的一次深层次的变革，是社会经济发展到一定阶段、人民生活达到一定水平的结果。它适应了职业流动、提高生活质量等多方面的需求。

就劳动政策而言，一般来说，灵活就业在劳动时间、收入报酬、工作场地等方面具有特殊性，与传统主流的劳动方式不同，如果将现行的劳动法律和政策规范中有关劳动合同、劳动条件、工资标准、工作时间等方面的规定直接适用是不合理的，完全不能适应灵活就业的灵活性。

就灵活就业的社会保险政策而言，我国现行的社会保险制度是针对固定用人单位的传统主流就业形式设计的，存在基数高、费率高和待遇高的特征，并且社会保险费用的征缴和支付制度也都是针对传统主流就业设计的，社会保险机构直接面对的是个人，这种社会保险制度不能适用于灵活就业人员。因此，各级人民政府必须采取配套措施，逐步完善和实施与灵活就业相适应的劳动和社会保险政策。

关联法规

《劳动合同法》第68条

《国务院关于做好促进就业工作的通知》(二)

《劳动和社会保障部关于非全日制用工若干问题的意见》

《劳动和社会保障部办公厅关于城镇灵活就业人员参加基本医疗保险的指导意见》

《〈中华人民共和国就业促进法〉宣传提纲》五

第二十四条　【对失业人员从事个体经营的指导】地方各级人民政府和有关部门应当加强对失业人员从事个体经营的指导，提供政策咨询、就业培训和开业指导等服务。

条文注释

本条是关于地方各级人民政府和有关部门加强对失业人员从事个体经营的指导的规定。

地方各级人民政府和有关部门对失业人员提供从事个体经营的指导，提供政策咨询、就业培训和开业指导等服务，是建设服务型政府的要求，是履行社会管理和公共服务职能的体现。提供政策咨询、就业培训和开业指导，可以使失业人员了解国家对于失业人员从事个体经营的政策，了解开业申请的具体程序，做到心中有数，避免走弯路，有利于失业人员顺利从事个体经营。

第三章　公平就业

第二十五条　【创造公平就业的环境】各级人民政府创造公平就业的环境，消除就业歧视，制定政策并采取措施对就业困难人员给予扶持和援助。

条文注释

本条是关于政府在促进公平就业方面的义务性规定。

本条开宗明义地规定了政府在公平就业中的主要义务：(1)要创造公平就业的环境，致力于消除就业歧视；(2)要制定政策并采取措施，对就业困难人员给予扶持和援助。

政府要创造公平就业的环境、消除就业歧视，应当做到以下几点：(1)应当模范守法，遵守国内法律法规和国际公约关于消除就业歧视的标准和要求，在公务员录用等方面为用人单位做出表率。(2)应当加大执法监督力度，督促企业等用人单位认真落实法律法规中有关公平就业的规定，消除劳动就业市场上的各种歧视现象，禁止在媒体上刊登或播出有歧视性的招聘广告等。(3)通过宣传教育等各种途径，提高劳动者的维权意识和能力，营造良好的舆论氛围，支持和鼓励劳动者运用法律武器保护自身的合法权益。

需要注意的是，政府必须明确态度，履行法定职责，坚决反对就业歧视；同时，还要注意方式方法，通过发展的办法逐步解决就业歧视的问题。

关联法规

《劳动法》第12、13条

《残疾人保障法》第3条
《妇女权益保障法》第2、22~25条
《就业服务与就业管理规定》第4、5条
《〈中华人民共和国就业促进法〉宣传提纲》六

第二十六条 【不得实施就业歧视】用人单位招用人员、职业中介机构从事职业中介活动,应当向劳动者提供平等的就业机会和公平的就业条件,不得实施就业歧视。

条文注释

本条是关于用人单位和职业中介机构不得对劳动者实施就业歧视的规定。

何谓就业歧视?本法没有给出明确的定义。简单来说,歧视就是政府或私人组织基于人的某些先天性的、与能力不相关的因素而采取的区别、排除、限制或优惠的行为。这种区别、排除、限制或优惠行为对公民在政治、经济、社会、文化或其他公共生活领域中的基本权利具有消除或减损的危害。本法第3条第2款规定:"劳动者就业,不因民族、种族、性别、宗教信仰等不同而受歧视。"不得实施就业歧视也就是要致力于为劳动者提供平等的就业机会和公平的就业条件。平等的就业机会和公平的就业条件,意味着要保证形式上的平等,禁止同样情况不同对待,禁止基于立法所保护的诸如民族、种族、性别、宗教信仰等特征对个人进行不公平的对待。

关联法规

《劳动法》第12条
《就业服务与就业管理规定》第9、16~20条
《〈中华人民共和国就业促进法〉宣传提纲》六

第二十七条　【妇女的平等就业权】国家保障妇女享有与男子平等的劳动权利。

用人单位招用人员，除国家规定的不适合妇女的工种或者岗位外，不得以性别为由拒绝录用妇女或者提高对妇女的录用标准。

用人单位录用女职工，不得在劳动合同中规定限制女职工结婚、生育的内容。

条文注释

本条是关于保障妇女享有与男子平等的劳动权利的规定。

参加社会劳动不仅是妇女谋取个人生活经济来源的手段，而且是妇女获得经济独立、提高社会地位的先决条件，是实现男女平等的经济支柱，是妇女实现其他权利的经济基础。因此，保障妇女享有与男子平等的劳动权利具有非常重要的意义。

妇女平等就业权是妇女平等享有劳动权利的前提和核心内容，是指妇女以与男子平等的身份，在同等录用条件下竞争就业，自主选择就业。我国妇女劳动就业的范围，远远超过世界上的许多国家，但就业中性别歧视的现象仍然存在。一些单位在招工时，对男女均适宜的工作规定了不平等的性别比例，压低女性录用比例或者提高对妇女的录用标准，以录用为条件要求女性放弃某些正当权利，甚至明确拒绝招收女性；还有一些单位以女职工怀孕、生育和哺乳为由辞退女职工。针对这些侵害妇女劳动就业权益的现象，本法重申《劳动法》和《妇女权益保障法》的有关规定，规定了用人单位招用女职工必须遵守的义务。

关于不适合妇女的工种或者岗位,在理解的时候应当参照《劳动法》和《妇女权益保障法》关于女职工特殊保护的有关规定。用人单位录用女职工,不得在劳动合同中规定限制女职工结婚、生育的内容。结婚、生育是妇女的基本权利,任何人不得以任何理由剥夺或者变相剥夺。因此,立法应当重视对结婚、怀孕阶段妇女劳动权利的保护。本法在第62条规定了就业歧视的法律责任。如果出现本条规定的性别歧视现象,求职者可据此向人民法院提起诉讼,维护自身的合法权益。

关联法规

《劳动法》第13条

《妇女权益保障法》第22条

《就业服务与就业管理规定》第16条

《女职工劳动保护特别规定》

《〈中华人民共和国就业促进法〉宣传提纲》六

第二十八条　【国家保障少数民族劳动者的劳动权利】各民族劳动者享有平等的劳动权利。

用人单位招用人员,应当依法对少数民族劳动者给予适当照顾。

条文注释

本条是关于保障少数民族劳动者享有平等的劳动权利的规定。

我国是全国各族人民共同缔造的统一的多民族国家。依照《宪法》规定,我国一直奉行民族平等和民族团结的政策,禁止任何对于少数民族的歧视行为。我国就业形势严峻,一些民族地区(包括民族自治地方和少数民族聚居区)存在一些不利于少数民族劳动者平等就业的现象。这种现象严重违反我国的法律规定和民族政策，可能会影响民族团结的大局，立法必须高度重视。

本条第 2 款所说的依法，主要是指应当依照《民族区域自治法》的有关规定。此外，还包括我国批准加入的《消除一切形式种族歧视国际公约》《1958 年消除就业和职业歧视公约》《禁止并惩治种族隔离罪行国际公约》《防止和惩治灭绝种族罪行公约》等国际公约。实行民族平等，反对种族隔离、民族压迫和民族歧视，也是我国政府应当履行的公约义务。

关联法规

《宪法》第 4 条

《劳动法》第 12、14 条

《民族区域自治法》第 22、23 条

《就业服务与就业管理规定》第 17 条

《〈中华人民共和国就业促进法〉宣传提纲》六

第二十九条　【国家保障残疾人的劳动权利】国家保障残疾人的劳动权利。

各级人民政府应当对残疾人就业统筹规划，为残疾人创造就业条件。

用人单位招用人员，不得歧视残疾人。

条文注释

本条是关于保障残疾人劳动权利的规定。

在《劳动法》和《残疾人保障法》中也有保障残疾人劳动权利方面的规定，而本条突出强调保障残疾人平等就业的权利。本条可以从以下三个方面理解：(1) 从国家层面上看，保障残疾人的劳动权利是国家遵守《宪法》的基本要求，是公民享有平等的劳动权利的表现。具体要保障残疾人哪些劳动权利呢？主要应依据《劳动法》的规定，包括平等就业和选择职业等9项权利。(2)本条规定了政府应当承担的义务，即各级人民政府应当对残疾人就业统筹规划，为残疾人创造就业条件。(3)本条规定了用人单位的义务，即用人单位招用人员，不得歧视残疾人。残疾人同其他公民一样平等地享有《宪法》和《劳动法》规定的劳动就业的基本权利，对残疾人进行直接或者间接的歧视都是违法行为。对此，《残疾人就业条例》规定了用人单位的具体义务。

关联法规

《劳动法》第3条

《残疾人保障法》第4、30～38条

《残疾人就业条例》第8～18条

《就业服务与就业管理规定》第18条

《〈中华人民共和国就业促进法〉宣传提纲》六

第三十条 【传染病病原携带者的就业权】用人单位招用人员，不得以是传染病病原携带者为由拒绝录用。但是，经医学鉴定传染病病原携带者在治愈前或者排除传染嫌疑前，不得从事法律、行政法规和国务院卫生行政部门规定禁止从事的易使传染病扩散的工作。

条文注释

本条是关于不得歧视传染病病原携带者就业的规定。

传染病病原携带者平等地享有同正常人一样的劳动权利。用人单位在招用人员时，如无法定情形，不得以求职者是传染病病原携带者为由拒绝录用。何谓传染病病原携带者？这是相对于传染病病人、疑似传染病病人的概念，是指感染传染病病原体无临床症状但能排查出病原体的人，如乙肝病原携带者。为了避免传染病病原携带者可能感染接触过他们的健康人，本条第2句对传染病病原携带者的就业实施特别限制。这是基于两方面的立法的基本考虑：一方面要保护传染病病原携带者的平等就业权；另一方面又要保护公众的安全和健康。

治愈，是指传染病病人、病原携带者在治疗和矫治过程中，达到临床上的治愈（临床症状和体征消失）以及微生物学检验阴性（经过连续3次微生物学检验均未检出该病的致病性微生物）。排除传染嫌疑，按照字面意思理解是指虽然没有治愈，但已经不再向外扩散传染，也就不会威胁其他劳动者的健康和安全。需要注意的是，本法规定传染病病原携带者是否治愈或者排除传染嫌疑，必须是经过医学鉴定，而不能是用人单位或者求职者说了算，以保证鉴定结论的客观性、公正性。

哪些是法律、行政法规和国务院卫生行政部门规定禁止从事的易使传染病扩散的工作？根据《食品安全法》《公共场所卫生管理条例》《化妆品监督管理条例》等法律法规的规定，传染病病原携带者禁止从事的易使传染病扩散的工作主要有以下几类：(1)食品生产经营中从事接触直接入口食品的工作；(2)饮用水的生产、管理、供应等工作；(3)在公共场所从事直接为顾客服务的工作；(4)托幼机构的保育、教育等工作；(5)美容、整容等工作；(6)直接从事化妆品生产的工作；(7)其他与人群接触密切的工作。

关联法规

《传染病防治法》第16条

《公共场所卫生管理条例》第7条

《就业服务与就业管理规定》第19条

《劳动和社会保障部关于维护乙肝表面抗原携带者就业权利的意见》

《〈中华人民共和国就业促进法〉宣传提纲》六

第三十一条 【农村劳动者的平等就业权】农村劳动者进城就业享有与城镇劳动者平等的劳动权利，不得对农村劳动者进城就业设置歧视性限制。

条文注释

本条是关于保护农村劳动者进城就业不受歧视的规定。

目前，农村劳动者进城就业仍然遭受各种各样的歧视，其劳动就业的基本权益在一定程度上得不到保障。我国《宪法》规定了公民平等地享有劳动的权利、履行劳动的义务。目前，由于城乡二元体制依然存在，对于农村劳动者劳动就业权益的实际保护状况距离理想状况还有不少差距。但是，立法必须要保障农村劳动者实现公平就业。本法所说的农村劳动者在进城就业的过程中与城镇劳动者享有平等的劳动权利，主要是指狭义的平等就业权。

那么，法律将如何禁止对农村劳动者进城就业设置歧视性限制呢？(1)要力求保障形式上的平等，对农村劳动者和城镇劳动者公平对待、一视同仁，尊重和维护进城就业的农村劳动者的合法权益，消除对农村劳动者进城就业的歧视性规定和体制性障碍。(2)要逐步追求实质意义的平等，努力改变进城就业的农村劳动者作为弱势群体的社会地位。(3)要注意本条禁止性规定不是仅仅针对某一个用人单位，而是一种社会普遍性义务。尤其是各级人民政府应当率先规范自己的行为，逐渐推进城乡一体化建设，努力消除各项政策中容易成为对农村劳动者进城就业设置歧视性限制的内容。

关联法规

《国务院关于解决农民工问题的若干意见》

《就业服务与就业管理规定》第5条

《〈中华人民共和国就业促进法〉宣传提纲》六

第四章 就业服务和管理

第三十二条 【培育和完善人力资源市场】县级以上人民政府培育和完善统一开放、竞争有序的人力资源市场，为劳动者就业提供服务。

条文注释

本条是关于县级以上人民政府培育和完善人力资源市场，为劳动者就业提供服务的规定。

人力资源市场的统一包括两方面内容：(1)解决由户籍制度造成的就业市场的分割，把促进农业劳动力转移就业作为就业工作的重要内容。(2)人力资源市场的统一还需要解决由于人事制度造成的就业市场的分割。

建设竞争的人力资源市场应当遵循市场就业的原则，完善市场导向的就业机制，破除妨碍人力资源流动的地域、性别、身体状况等因素的限制。从长远发展趋势看，建立公平竞争的人力资源市场，还要打破城乡之间、地区之间劳动力流动的障碍。

建设有序的人力资源市场，应当健全就业登记制度，加强人力资源市场法治建设，强化对人力资源市场的管理和监督，确保人力资源市场发展的有序性，使人力资源市场的运行法治化、规范化，从而最终实现劳动力资源的最优配置。《劳动合同法》是维护人力资源市场秩序的重要保证。

就业服务，是指政府职能部门对求职人员提供的各项帮助和服务。就业服务包括职业介绍、就业训练、生产自救、失业救济等项内容，是各级人民政府帮助劳动者在市场就业中实现平等竞争的重要手段。

关联法规

《国务院关于做好促进就业工作的通知》(十四)

《就业服务与就业管理规定》第1条

《〈中华人民共和国就业促进法〉宣传提纲》三、七

第三十三条　【发展就业服务机构】县级以上人民政府鼓励社会各方面依法开展就业服务活动，加强对公共就业服务和职业中介服务的指导和监督，逐步完善覆盖城乡的就业服务体系。

条文注释

本条是关于县级以上人民政府在开展就业服务活动中的职责的规定。

1. 鼓励社会各方面依法开展就业服务活动

通常意义上的就业服务，属于公共服务的范畴，一般是由政府举办的公共就业服务机构开展。公共就业服务机构，是指由政府举办，向用人单位和求职者提供免费服务，帮助各类就业困难群体实现就业，承担公共就业服务职能的公益性服务机构。公共就业服务机构应当以提供就业服务为基本职责，以促进社会就业为基本目标，以实施国家就业政策

为基本任务。县级以上人民政府应当大力发展公共就业服务机构,根据政府促进就业、控制失业率的目标以及本地就业困难群体的状况,确定公共就业服务的任务和重点服务对象,争取政府安排促进就业专项资金,设立公共就业服务项目,通过实行工资性补贴、提供免费服务和培训等方式,帮助就业困难群体就业。另外,县级以上人民政府应当鼓励职业中介机构开展职业中介服务活动,推动就业服务向社区延伸,形成多层次的就业服务网络,扩大社区就业服务范围。

2. 加强对公共就业服务和职业中介服务的指导和监督

县级以上人民政府应当指导和监督公共就业服务机构和职业中介服务机构做好就业服务工作。公共就业服务机构应当按照法律规定为劳动者提供免费服务,不断提高服务的质量和效率,并且不得从事经营活动。同时,各地人民政府也应当加强对职业中介机构的管理。要规定和完善职业中介机构资格准入条件,按照规定的条件和程序依法审批。指导并督促职业中介机构明示合法证照、收费标准和监督电话等,自觉接受社会监督。各地要加强人力资源市场监管,将日常监督检查与定期清理整顿结合起来,联合有关部门,每年定期集中力量对人力资源市场的职业中介机构进行清理整顿,严厉排查和清除各种非法职业中介机构,维护人力资源市场的良好秩序。

3. 逐步完善覆盖城乡的就业服务体系

我国的就业服务体系包含职业介绍、就业训练、失业保险和劳动就业服务企业四项主要内容:(1)职业介绍。主要任务是求职登记、企业用工调查与登记、人力资源市场信息收集、就业与用工的指导与咨询以及就业预测预报。(2)就业训练。主要任务是对失业人员开展就业前训练,对失业职工开展转业训练。(3)失业保险。主要任务是失业救济、失业医疗补助、失业职工管理以及对失业职工的再就业给予帮助。(4)劳动就业服务企业。主要任务是在国家资金、税收和就业政策的支持和主办单位的扶持下,举办各类生产经营网点,直接安置失业人员。

关联法规

《劳动法》第11条

《国务院关于做好促进就业工作的通知》(十五)

《就业服务与就业管理规定》第3条

《〈中华人民共和国就业促进法〉宣传提纲》三、七

第三十四条 【建立人力资源市场信息服务体系】县级以上人民政府加强人力资源市场信息网络及相关设施建设,建立健全人力资源市场信息服务体系,完善市场信息发布制度。

条文注释

本条是关于县级以上人民政府在人力资源市场信息化建设方面的职责的规定。

县级以上人民政府应当进行以下工作:

(1)建立健全人力资源市场信息服务体系。建立健全人力资源市场信息服务体系,能够整合就业信息资源,形成各地区统一并与全国联网的就业发布渠道,在全国真正形成就业代码规范、区域性就业信息与全国就业信息互动的机制,实现供求双方信息资源共享。

(2)完善市场信息发布制度。劳动者迫切需要的是了解用人单位的职业需求信息,人力资源信息网络的生命力也正在于掌握用工需求信息。因此,要把收集和传播需求信息作

为当前就业服务和信息网络建设最重要的基础工作，完善人力资源市场信息发布制度。

关联法规

《国务院关于做好促进就业工作的通知》（十四）

第三十五条 【公共就业服务机构】县级以上人民政府建立健全公共就业服务体系，设立公共就业服务机构，为劳动者免费提供下列服务：

（一）就业政策法规咨询；

（二）职业供求信息、市场工资指导价位信息和职业培训信息发布；

（三）职业指导和职业介绍；

（四）对就业困难人员实施就业援助；

（五）办理就业登记、失业登记等事务；

（六）其他公共就业服务。

公共就业服务机构应当不断提高服务的质量和效率，不得从事经营性活动。

公共就业服务经费纳入同级财政预算。

条文注释

本条是关于公共就业服务机构的规定。

本条明确规定，县级以上人民政府设立公共就业服务机构。公共就业服务机构是提供人力资源市场信息的主要机构，并负责具体落实政府的就业政策，对就业困难人员提供基本的就业服务。随着市场就业机制的建立，它的作用越来越重要。

公共就业服务机构为劳动者免费提供下列服务：（1）就

业政策法规咨询。劳动者可能不能及时准确地了解国家有关就业的政策和法规;公共就业服务机构要免费向劳动者提供这方面的咨询,大力宣传国家的有关方针政策,使他们能够充分利用这些政策和法规,更快地实现就业。(2)职业供求信息、市场工资指导价位信息和职业培训信息发布。职业供求信息能够帮助劳动者及时、全面地掌握就业信息,实现更快、更好的就业。市场工资指导价位信息能够为人力资源供求双方在商谈确定某一职位工资水平时提供参考,提高劳动力市场运作效率,促进就业。职业培训信息能够帮助劳动者提高自身素质,尽快实现就业。(3)职业指导和职业介绍。公共就业服务机构通过对劳动者和用人单位提供职业指导和职业介绍服务,帮助用人单位招聘适合自己的劳动者,帮助双方实现双向选择,建立劳动关系。(4)对就业困难人员实施就业援助。就业援助制度是国家建立的促进就业困难人员就业的援助制度。公共就业服务机构应当对就业困难对象免费提供个性化就业服务和即时公益性岗位援助。(5)办理就业登记、失业登记等事务。公共就业服务机构应当了解和掌握用人单位工作岗位空缺和招聘用人情况,并进行登记,为劳动者就业提供方便。除了就业和失业登记,还有求职登记、用人单位用人需求登记以及解除或者终止劳动合同备案等事务。(6)其他公共就业服务。除了上述服务,公共就业机构还为劳动者提供劳动关系和档案、职称、社会保险等全方位的代理服务,实施公益性继续教育和职业技能训练,开展公益性的人才评价,开发公益性岗位等。

关联法规

《国务院关于做好促进就业工作的通知》(十五)

《就业服务与就业管理规定》第4章

《〈中华人民共和国就业促进法〉宣传提纲》七

第三十六条　【公益性就业服务】县级以上地方人民政府对职业中介机构提供公益性就业服务的，按照规定给予补贴。

国家鼓励社会各界为公益性就业服务提供捐赠、资助。

条文注释

本条是关于鼓励开展公益性就业服务的规定。

只靠政府设立的公共就业服务机构提供公益性就业服务是远远不够的，还需要鼓励职业中介机构提供公益性就业服务。应当充分发挥社会的力量，为劳动者就业提供更多、更广泛的公益性就业服务。因此本条规定，县级以上地方人民政府对提供公益性就业服务的职业中介机构，按照规定给予补贴。随着人力资源市场的日渐成熟和开放，公共就业服务机构一统天下的格局正在被逐步打破，形成公共就业服务机构和职业中介机构两元化格局。职业中介机构是由公民、法人或者其他组织举办，从事经营性职业介绍活动的服务机构。对于职业中介机构提供免费的公益性就业服务的，政府应当予以鼓励和支持，按照规定给予补贴。

国家鼓励社会各界为公益性就业服务提供捐赠、资助。公民、法人或者其他组织为公益性就业服务提供的捐赠、资助，是指境内外企业、事业单位、社会团体和公民个人自愿向公共就业服务机构和提供公益性就业服务的职业中介机构捐资以帮助其更好地开展公益性就业服务活动的公益行为。捐赠、资助的形式多种多样：可以为劳动者设立专项基金，帮助就业群体；可以资助基础设施建设，改善办公条件，扩大服务窗口;可以资助就业服务信息网络及相关设施建设,更有效地为劳动者提供就业信息;等等。

关联法规

《公益事业捐赠法》

第三十七条 【政府部门不得举办经营性的职业中介机构】地方各级人民政府和有关部门不得举办或者与他人联合举办经营性的职业中介机构。

地方各级人民政府和有关部门、公共就业服务机构举办的招聘会,不得向劳动者收取费用。

条文注释

本条是关于政府部门不得举办或者与他人联合举办经营性的职业中介机构,以及政府部门举办公益性招聘会不得向劳动者收取费用的规定。

就业问题已成为社会发展中的一个焦点问题,各级人民政府应当将精力集中在如何开办好公共就业服务机构,如何为劳动者提供更多的就业信息,如何能够让劳动者花最少的钱享受到最优质的就业服务上。地方人民政府及有关部门自己开办或者与他人联合开办经营性的职业中介机构,谋取利益,这样的行为改变了公共就业服务的公益性质,大大阻碍了公共就业服务活动的开展,损害了劳动者的权益。因此,本条明确规定地方各级人民政府和有关部门不得举办或者与他人联合举办经营性的职业中介机构。

招聘会是劳动者利用率较高的求职途径之一,以其沟通直接、信息集中等优势受到市场供需双方的认可,劳动者在一定条件下确实可以找到心仪的工作。但愈演愈烈的人才争夺大战导致招聘会的规模不断扩大,数量不断增加,有的招聘会有数十万、上百万人参加,不仅提高了用人单位的招聘成本,也提高了劳动者的求职成本。现实情况往往是劳动者为了参加招聘会,获得更多的就业信息付出了大量的金钱,仍然找不到一份合适的工作。地方各级人民政府和有关部门、公共就业服务机构举办的招聘会,应当为劳动者就业提供公益性服务,不得以营利为目的,不得从事经营活动。其与社会上的招聘会不同,应当遵循为劳动者服务的宗旨,降低劳动者的求职成本,免费向劳动者提供更多的就业机会。

第三十八条 【加强对职业中介的管理】县级以上人民政府和有关部门加强对职业中介机构的管理,鼓励其提高服务质量,发挥其在促进就业中的作用。

条文注释

本条是关于县级以上人民政府及其有关部门管理职业中介机构的职责的规定。

本条包含两层意思:

(1)县级以上人民政府和有关部门应当加强对职业中介机构的管理。为了建立我国人力资源市场的信用体系、营造人力资源市场的良好运行环境、保护劳动者的就业权,必须建立健全职业中介机构运行规则,建立监督检查制度,完善职业中介机构退出机制,加大对职业中介机构的监管力度。

(2)县级以上人民政府和有关部门应当鼓励职业中介机构提高服务质量,发挥其在促进就业中的作用。职业中介机构通过求职登记和汇集用工信息的方式,为劳动力供求双方提供信息和中介服务,以满足人力资源市场的供求需要。通过提供就业信息和其他就业服务,方便劳动者就业,为劳动者选择职业和合适的工作单位提供支持，有力地维护劳动者在就业方面的合法权益，帮助劳动者合法地实现就业权。同时，职业中介为用人单位择优用人起到桥梁作用。居间服务有利于促进用人单位和劳动者相互了解、相互选择。成功的职业中介活动有利于充分开发和合理配置人力资源，促进社会物质资源与人力资源的结合，提高社会就业率。因此，本条明确规定县级以上人民政府及其有关部门应当鼓励职业中介机构提高服务质量，从而发挥其在促进就业中的积极作用。这就要求县级以上人民政府和有关部门应采取适当措施，加强对职业中介机构的教育和引导，指导职业中介机构建立各种有效的激励机制，大力加强工作人员业务素质培训和职业道德教育，督促其不断改进工作作风，端正服务态度。鼓励职业中介机构进一步完善服务手段，拓展服务领域，提高服务质量，鼓励其实行求职登记、信息发布、职业指导、职业介绍和劳动保障事务代理“一站式”服务。

关联法规

《就业服务与就业管理规定》第6章

第三十九条 【从事职业中介活动的基本原则】从事职业中介活动，应当遵循合法、诚实信用、公平、公开的原则。

用人单位通过职业中介机构招用人员，应当如实向职业中介机构提供岗位需求信息。

禁止任何组织或者个人利用职业中介活动侵害劳动者的合法权益。

条文注释

本条是关于职业中介机构从事职业中介活动的原则、用人单位的义务的规定。

本条第1款对职业中介机构的职业中介活动的原则作出了明确规定:(1)合法原则。职业中介机构从事职业中介活动必须遵守法律、法规,在法律、法规允许的范围内开展活动。(2)诚实信用原则。诚实信用原则是市场经济条件下一切活动的基本原则,也是一项社会道德准则。职业中介机构在从事职业中介活动时,应当重合同守信用,自觉维护国家和广大求职者的利益。(3)公平原则。公平原则要求职业中介机构在为求职者和用人单位提供中介服务时,应当公平公正地对待双方当事人,不得设定就业歧视。(4)公开原则。这对于防止职业中介机构违法违规经营、保护广大求职者和用人单位的合法权益具有重要意义。

本条第2款对用人单位通过职业中介机构招用人员应当履行如实提供岗位需求信息的义务作出了规定。此规定是用人单位遵循诚实信用原则的表现形式,也是用人单位告知义务在本法中的延伸。用人单位如实提供岗位需求信息的义务体现在两个方面:一是用人单位应当根据其空缺岗位的实际情况,如实提供需要通过职业中介机构进行招聘的岗位数和工作人员的数量;二是用人单位应当如实提供与工作岗位有关的信息。《劳动合同法》第8条也明确规定了用人单位的如实告知义务。

本条第3款规定,禁止任何组织或者个人利用职业中介活动侵害劳动者的合法权益。我国目前人力资源市场的现状是资本处于强势,劳动者处于弱势。一些组织和个人利用人力资源市场中求职者求职心切,利用职业中介活动侵害劳动者的合法权益。针对实践中的这些侵害劳动者合法权益的行为,本法作了禁止性规定,明确禁止任何组织或者个人利用职业中介活动侵害劳动者的合法权益。

关联法规

《劳动合同法》第 8 条

《就业服务与就业管理规定》第 11、46 条

《境外就业中介管理规定》

第四十条 【设立职业中介机构的条件和程序】设立职业中介机构应当具备下列条件：

（一）有明确的章程和管理制度；

（二）有开展业务必备的固定场所、办公设施和一定数额的开办资金；

（三）有一定数量具备相应职业资格的专职工作人员；

（四）法律、法规规定的其他条件。

设立职业中介机构应当在工商行政管理部门办理登记后，向劳动行政部门申请行政许可。

未经依法许可和登记的机构，不得从事职业中介活动。

国家对外商投资职业中介机构和向劳动者提供境外就业服务的职业中介机构另有规定的，依照其规定。

关联法规

《行政许可法》第 12 条

《劳动保障监察条例》第 28 条

《就业服务与就业管理规定》第 48 ~ 51 条

《境外就业中介管理规定》第 2 章

第四十一条 【职业中介机构的禁止行为】职业中介机构不得有下列行为：

（一）提供虚假就业信息；

（二）为无合法证照的用人单位提供职业中介服务；

（三）伪造、涂改、转让职业中介许可证；

（四）扣押劳动者的居民身份证和其他证件，或者向劳动者收取押金；

（五）其他违反法律、法规规定的行为。

条文注释

本条是关于职业中介机构的行为的禁止性规定。

针对实践中中介机构的一些侵害劳动者权益的行为，本条对职业中介行为作出了禁止性规定。根据本条的规定，职业中介不得有下列行为：

（1）提供虚假就业信息。有的职业中介机构违背诚实信用原则，向劳动者提供虚假的就业信息，侵害劳动者的合法权益。这种行为应当被禁止。

（2）为无合法证照的用人单位提供职业中介服务。职业中介机构在从事职业中介活动时，对用人单位的证照必须进行适当的查验。如果为无合法证照的用人单位提供职业中介服务，则其所招聘的劳动者的合法权益就得不到保障。并且，多数无合法证照的用人单位背后可能会隐藏某些非法经营行为，这为保护劳动者的合法权益埋下了隐患。

（3）伪造、涂改、转让职业中介许可证。职业中介许可的证件文书是国家依法颁发的凭证或者公文，是具有法律效力的文件。如果发生本条第3项规定的行为，会对行政管理活动造成破坏和妨碍，为此应当对实施这类行为的人追究法律责任。

(4)扣押劳动者的居民身份证和其他证件,或者向劳动者收取押金。这是本法严厉禁止的行为。

(5)其他违反法律、法规规定的行为。其他违反法律、法规规定的行为,是指与上述行为性质相同或者相似的行为,其也被列入职业中介机构禁止性行为。例如,职业中介机构超越经营范围的行为是法律、法规所禁止的。

关联法规

《就业服务与就业管理规定》第58条

《境外就业中介管理规定》第14、15、34条

第四十二条　【失业预警制度】县级以上人民政府建立失业预警制度,对可能出现的较大规模的失业,实施预防、调节和控制。

条文注释

本条是关于县级以上人民政府建立失业预警制度、实行失业调控的规定。

建立失业预警制度,首先,应当建立和完善劳动力调查统计制度和就业、失业状况调查统计体系,实行规范的、科学的失业登记办法。在对失业率、长期失业人员比例、失业人员数量增幅、享受失业保险待遇人数、失业保险基金收支、就业形势等因素进行综合分析的基础上,根据就业和失业情况变化,合理确定失业预警线。其次,落实失业调控方案,制定应急预案和相应措施,以应对可能出现的导致就业局势不稳定问题。当失业监测系统监测到的失业率等相关指标接近或达到预警线时,有关部门要及时向政府和社会发出失业预警报告,启动调控应急预案。在失业预警期间,县级以上人

民政府应当综合运用法律、经济和必要的行政调控措施，进一步完善失业保险制度，扩大覆盖范围，增强基金支撑能力，保障失业人员的基本生活，促进其再就业。

在失业进入预警状态时，及时启动应急预案，努力减缓失业人数增加给当地社会带来的各种冲击。各有关部门要根据各自职责，制定相关的配套政策和措施，密切配合，形成合力，确保有关工作顺利实施。失业调控是政府解决失业问题的重要手段，目的是把失业率控制在可以承受的范围内。失业调控包括以下内容：(1)建立劳动力调查统计制度和就业登记、失业登记统计制度，全面、准确地了解失业情况，开展有针对性的就业服务。(2)建立就业和失业评估制度。在制定社会经济发展战略和政策措施时，对预期的就业效果进行评估；如果可能导致较高失业率，必须有相应的失业保障措施。(3)建立失业预警制度。

关联法规

《国务院关于做好促进就业工作的通知》(五)

《〈中华人民共和国就业促进法〉宣传提纲》三

第四十三条　【就业和失业登记】国家建立劳动力调查统计制度和就业登记、失业登记制度，开展劳动力资源和就业、失业状况调查统计，并公布调查统计结果。

统计部门和劳动行政部门进行劳动力调查统计和就业、失业登记时，用人单位和个人应当如实提供调查统计和登记所需要的情况。

条文注释

本条是关于建立劳动力调查统计制度和就业登记、失业登记制度的规定。

1. 国家建立劳动力调查统计制度

根据本条第1款的规定，国家建立劳动力调查统计制度。劳动力调查统计制度是国家劳动就业管理的重要内容，是了解和掌握我国劳动力现状和发展趋势，进行劳动力市场分析、劳动力就业失业情况监测监控的主要手段，是政府劳动就业行政管理决策依据之一。劳动力调查是一项对劳动年龄人口的就业状态进行的抽样调查，是一项国家搜集就业数据、反映就业情况变动的基本统计调查制度，是了解经济运行态势、分析经济形势的重要依据。因此，本条明确规定国家建立劳动力调查统计制度。

2. 国家建立就业登记、失业登记制度

国家建立就业登记制度和失业登记制度的目的是通过就业登记和失业登记准确掌握劳动力供求状况，实现劳动就业社会化管理，保证就业服务各项工作的实施，为国家掌握社会失业状况、适时推行和调整就业政策提供第一手信息资料。

加强失业登记统计工作，通过街道（乡镇）社区劳动保障工作平台方便失业人员登记，及时了解失业人员变化情况。同时，建立劳动力抽样调查制度，定期开展全国城镇劳动力调查，准确掌握全国劳动力市场供求变化，为就业政策提供可靠依据。

3. 用人单位和个人如实提供相关情况的义务

本条第2款明确规定了统计部门和劳动行政部门进行劳动力调查统计和就业、失业登记时，用人单位和个人应当如实提供调查统计和登记所需要的情况，包括调查对象的年龄、性别、居住地、受教育程度、就业状况、所从事的职业和所在的行业、工作时间、失业原因、失业时间、收入以及参加社会保障等情况。

劳动力调查统计作为国家统计工作的一部分，各级负责劳动力调查统计工作的单位和人员，必须树立法治观念，不得虚报、漏报、拒报、迟报、伪造和篡改调查统计内容。任何单位和个人不得以任何借口阻挠劳动力调查统计工作人员依法履行职责，都要如实向统计部门和劳动行政部门提供进行劳动力调查统计和就业、失业登记所需要的情况，确保各级统计部门和劳动行政部门能够获得准确的劳动力供求信息，为就业政策提供可靠依据。

关联法规

《国务院关于做好促进就业工作的通知》(十六)

《国务院办公厅关于建立劳动力调查制度的通知》

《就业服务与就业管理规定》第7章

《〈中华人民共和国就业促进法〉宣传提纲》三

第五章　职业教育和培训

第四十四条　【发展职业教育】国家依法发展职业教育，鼓励开展职业培训，促进劳动者提高职业技能，增强就业能力和创业能力。

条文注释

本条是关于发展职业教育的规定。

根据《职业教育法》的规定，广义的职业教育包括职业学校教育和职业培训。职业学校教育，包括初等、中等、高等职业学校教育。职业培训包括就业前培训、转业培训、学徒培训、在岗培训、转岗培训、再就业培训及其他职业性培训，可以根据实际情况分为初级、中级、高级职业培训。狭义的职业教育，就是指职业学校教育。职业教育和职业培训是促进就业工作中的重要环节；因此《就业促进法》设专章对职业教育和职业培训进行规定，这也体现了国家对职业教育和职业培训的一贯重视。

关联法规

《劳动法》第66条

《职业教育法》

《国务院关于做好促进就业工作的通知》（十七）

《〈中华人民共和国就业促进法〉宣传提纲》三

第四十五条 【制定职业能力开发计划】县级以上人民政府根据经济社会发展和市场需求，制定并实施职业能力开发计划。

条文注释

本条是关于制定职业能力开发计划的规定。

地方人民政府应当把职业教育纳入当地经济和社会发展规划，在国家方针、政策指导下，对所辖区域内的职业教育工作进行组织、管理和领导。县级以上人民政府根据地区经济发展需求和就业再就业工作需要，制定职业能力开发计划，并将职业能力开发计划纳入地区经济社会发展规划中，为职业教育提供强有力的公共服务和良好的发展环境，引导职业教育健康、协调、可持续发展。职业能力开发计划要以提高劳动者的就业创业能力、岗位工作能力和职业转换能力为目标，规划指导各类职业培训的发展。

关联法规

《劳动法》第67条

《职业教育法》第6、11条

《〈中华人民共和国就业促进法〉宣传提纲》三、八

第四十六条　【鼓励职业院校等开展就业培训】县级以上人民政府加强统筹协调，鼓励和支持各类职业院校、职业技能培训机构和用人单位依法开展就业前培训、在职培训、再就业培训和创业培训；鼓励劳动者参加各种形式的培训。

条文注释

本条是关于县级以上人民政府鼓励职业院校等开展职业培训的规定。

职业培训与职业学校教育是职业教育体系中的重要组成部分；但职业培训不同于职业学校教育，是职业学校教育不能取代的。职业学校教育分为初等、中等、高等三个层次，有国家规定的学制和较为系统的教育，职业学校教育可以颁发学历证书；而职业培训形式比较灵活，没有国家规定的学制，只有培训证书而没有学历证书。综合而言，我国的职业培训具有以下三个方面的内容：

（1）职业培训可以由多种机构实施，包括各类职业院校、职业技能培训机构和用人单位。各类职业院校的主要职责是承担各自相应的职业学校教育，其有合格的教师、符合规定标准的教学场所、与职业教育相适应的设施和设备，在开展职业培训方面具有得天独厚的优势，因此各类职业院校要积极承办职业培训活动。

（2）职业培训的形式多样。职业培训是以就业、转业或

者提高技能水平为目的的非学历职业教育活动。职业培训的形式多样，按照性质划分，职业培训可以分为就业前培训、在职培训、再就业培训和创业培训。就业前培训，又称岗前培训，是指为使第一次就业之前的劳动者获得从业能力而进行的职业知识、技能等方面的培训。在职培训，又称岗位培训，是对已经就业的劳动者按照其工作需要，以提高劳动者的政治思想水平、工作能力和生产技能为目标的定向培训。再就业培训，就是对已就业但后来失业的劳动者，为提高其就业技能和就业能力，从而重新就业而进行的职业培训。创业培训是对具有创业愿望和相应条件的人员进行的开办小企业或自谋职业所必备的基础知识和必备能力的培训。

(3)强调鼓励劳动者自身积极参加各种形式的培训。在国家为职业培训创造良好环境，提供硬件设施、软件配套的情况下，要真正实现职业培训的目的，离不开劳动者本人的积极参与和努力学习。政府应当采取有力措施，鼓励劳动者参加各种形式的职业培训，不仅要办好针对特定对象的免费职业教育，而且要引导劳动者自己参加符合自身发展的、需要交纳一定费用的职业培训。

关联法规

《国务院关于做好促进就业工作的通知》(十七)

《〈中华人民共和国就业促进法〉宣传提纲》八

第四十七条　【企业提取职工教育经费】县级以上地方人民政府和有关部门根据市场需求和产业发展方向，鼓励、指导企业加强职业教育和培训。

职业院校、职业技能培训机构与企业应当密切联系，实行产教结合，为经济建设服务，培养实用人才和熟练劳动者。

企业应当按照国家有关规定提取职工教育经费，对劳动者进行职业技能培训和继续教育培训。

条文注释

本条是关于企业按规定提取职工教育经费的义务的规定。

《劳动法》规定，用人单位应当建立职业培训制度，按照国家规定提取和使用职业培训经费，根据本单位实际，有计划地对劳动者进行职业培训。《职业教育法》规定，企业应当根据该单位的实际，有计划地对该单位的职工和准备录用的人员实施职业教育。企业可以单独举办或者联合举办职业学校、职业培训机构，也可以委托学校、职业培训机构对该单位的职工和准备录用的人员实施职业教育。企业根据该单位的实际情况，有目的、有组织、按要求地认真对该单位职工和准备录用人员进行职业教育和职业培训，这既是国家倡导的政策，也是企业发展的需要，还是企业的职责和义务。

本法要求职业院校、职业技能培训机构应当与企业密切联系，实行产教结合，为经济建设服务，培养实用人才和熟练劳动者。产教结合不仅是对职业院校、职业技能培训机构提出的要求，也是对企业提出的要求。《劳动法》《职业教育法》对企业提取职工教育经费都进行了规定。企业根据自身实际情况，开展职业教育和职业培训，这是我国职业教育领域中一贯的政策。为保证企业内职业教育和职业培训的正常开展，防止企业为降低成本，忽视企业内职业教育和职业培训，企业必须按照国家有关规定提取职工教育经费并依法使用。

关联法规

《劳动法》第68条

《职业教育法》第28、29条

《国务院关于大力推进职业教育改革与发展的决定》

《中共中央办公厅、国务院办公厅关于进一步加强高技能人才工作的意见》

《〈中华人民共和国就业促进法〉宣传提纲》八

第四十八条　【劳动预备制度】国家采取措施建立健全劳动预备制度，县级以上地方人民政府对有就业要求的初高中毕业生实行一定期限的职业教育和培训，使其取得相应的职业资格或者掌握一定的职业技能。

条文注释

本条是关于劳动预备制度的规定。

劳动预备制度，是指对城乡新生劳动力，有计划、有步骤地追加1年至3年的职业培训和相关教育，提高他们的素质能力，为其实现就业提供帮助，同时通过延长这部分劳动者进入劳动力市场的时间，缓解就业压力的制度。参加劳动预备制人员，在取得相应的职业资格或者掌握一定的职业技能后，由就业服务机构纳入当地劳动力信息资源管理系统，根据国家就业方针和劳动力市场需求，组织双向选择，优先推荐就业，或指导其组织起来自谋职业，并为他们提供各种就业服务。

关联法规

《国务院关于做好促进就业工作的通知》（十七）

《就业服务与就业管理规定》第8条

第四十九条　【失业人员参加就业培训】地方各级人民政府鼓励和支持开展就业培训，帮助失业人员提高职业技能，增强其就业能力和创业能力。失业人员参加就业培训的，按照有关规定享受政府培训补贴。

条文注释

本条是关于对失业人员进行职业培训的规定。

失业保险基金用于失业者在领取失业保险金期间接受职业培训、职业介绍补贴的支出。经各类职业培训机构职业培训后6个月内实现就业的符合规定条件的人员，可向培训所在地劳动保障行政部门申请职业培训补贴。每位符合规定条件的人员只能享受一次职业培训补贴，不得重复申请。在确保职业培训补贴资金使用效果和安全性的前提下，对无力垫付职业培训补贴标准内费用的，各地可采取必要的帮扶措施。承担帮扶任务的培训机构可为上述人员向劳动保障行政部门申请培训补贴。

关联法规

《国务院关于做好促进就业工作的通知》（十七）

第五十条　【为农村劳动者提供就业培训】地方各级人民政府采取有效措施，组织和引导进城就业的农村劳动者参加技能培训，鼓励各类培训机构为进城就业的农村劳动者提供技能培训，增强其就业能力和创业能力。

条文注释

本条是关于对进城就业的农村劳动者进行技能培训的规定。

我国政府非常重视对进城就业的农村劳动者进行职业

培训：(1)鼓励各类培训机构为进城就业的农村劳动者提供技能培训，尤其是强调中等职业学校要针对农村进城务工人员开展职业教育与培训。促进就业效果挂钩机制，引导各类教育培训机构针对市场需求，积极开展定向培训，确定一批培训质量高、就业效果好的教育培训机构作为定点机构。充分利用现有教育资源，努力提高教学设施和设备的使用率，实行全日制学习与部分时间制学习并举，以部分时间制和业余学习为主。(2)要注意进城就业的农村劳动者参加技能培训的特点，组织和引导进城就业的农村劳动者参加技能培训。对进城就业的农村劳动者进行技能性培训，应坚持自愿原则，由其自行选择，严禁强制此类劳动者参加各种有偿培训和职业资格鉴定并收取费用。(3)进城就业的农村劳动者参加职业培训的费用，实行政府、用人单位和进城就业的农村劳动者个人共同分担的机制，政府可给予适当补贴。进城就业的农村劳动者与持“再就业优惠证”人员、城镇其他登记失业人员相同，都可以享受一次性职业培训补贴。

关联法规

《国务院关于进一步加强就业再就业工作的通知》(十三)

《教育部关于中等职业学校面向农村进城务工人员开展职业教育与培训的通知》

《〈中华人民共和国就业促进法〉宣传提纲》八

第五十一条 【职业资格证书制度】国家对从事涉及公共安全、人身健康、生命财产安全等特殊工种的劳动者，实行职业资格证书制度，具体办法由国务院规定。

条文注释

本条是关于职业资格证书制度的规定。

职业资格证书制度，是劳动就业制度中的一项重要内容，也是一种特殊形式的国家考试制度。它是指按照国家制定的职业技能标准或任职资格条件，通过政府认定的考核鉴定机构，对劳动者的技能水平或职业资格进行客观公正、科学规范的评价和鉴定，对合格者授予相应的国家职业资格证书。

职业资格证书制度本质上是一项行政许可制度，是一项就业准入制度，即如果没有取得相应的职业资格证书就不能上岗执业。《行政许可法》第 12 条第 1 项规定，直接涉及国家安全、公共安全、经济宏观调控、生态环境保护以及直接关系人身健康、生命财产安全等特定活动，需要按照法定条件予以批准的事项，可以设定行政许可。对于从事涉及公共安全、人身健康、生命财产安全等特殊工种的劳动者，实行职业资格证书制度，这是符合《行政许可法》规定的。

需要注意的是，职业资格证书制度应该适用也只能适用在涉及公共安全、人身健康、生命财产安全等特殊工种上，其适用范围不能任意扩大。鉴于职业资格证书制度比较重要，也较为复杂，难以在本法中将实行职业资格证书制度的特殊工种范围列举清楚，因此本法授权国务院制定具体办法。当然，实行职业资格证书制度与职业技能考核、建立职业评价体系并不矛盾。职业技能考核、建立职业评价体系有利于促进劳动者提高职业技能水平，方便用人单位录用高水平劳动者；但没有强制性，不是就业准入标准。因此，本法并不禁止。

关联法规

《劳动法》第 69 条

《职业教育法》第8、25条

《行政许可法》第12条

《国务院关于做好促进就业工作的通知》(十七)

《〈中华人民共和国就业促进法〉宣传提纲》八

第六章 就业援助

第五十二条 【建立就业援助制度】各级人民政府建立健全就业援助制度,采取税费减免、贷款贴息、社会保险补贴、岗位补贴等办法,通过公益性岗位安置等途径,对就业困难人员实行优先扶持和重点帮助。

就业困难人员是指因身体状况、技能水平、家庭因素、失去土地等原因难以实现就业,以及连续失业一定时间仍未能实现就业的人员。就业困难人员的具体范围,由省、自治区、直辖市人民政府根据本行政区域的实际情况规定。

条文注释

本条是关于就业援助制度的规定。

随着就业压力的增加、就业形势的严峻,对就业困难人员实施就业援助已经成为当前政府促进就业工作的一项重要内容。对就业援助制度的方法、途径、对象等进一步予以明确,以更好地推动就业援助工作的开展,也因此成为《就业促进法》需要解决的重要问题。

本条第1款是关于就业援助制度内容的规定,主要包括就业援助的方法、途径、对象:(1)就业援助的方法,即采取税费减免、贷款贴息、社会保险补贴、岗位补贴等办法，对就业困难人员实行就业援助。(2)就业援助的途径，即公益性岗位安置等。通过公益性岗位安置就业困难人员实现就业是就业援助的主要途径。(3)就业援助对象，即就业困难人员。就业援助制度就是要对就业困难人员实行优先扶持和重点帮助。

本条第2款是关于就业困难人员的规定。根据本款规定，就业困难人员主要有两种：一种是难以实现就业的人员；另一种是连续失业一定时间仍未能实现就业的人员。这些人员由于种种原因在就业方面处于劣势，难以实现顺利就业。由于就业困难是一个比较抽象、笼统的概念，在不同时期，在不同区域，就业困难人员的范围也是不同的。因此，本法仅对就业困难人员进行了概括的界定，具体范围仍应由省级人民政府根据本法的规定，结合该行政区域内的实际情况，作出具体的界定。

关联法规

《国务院关于做好促进就业工作的通知》(十八)

《国务院关于进一步加强就业再就业工作的通知》(五)、(十二)

《就业服务与就业管理规定》第5章

《〈中华人民共和国就业促进法〉宣传提纲》九

第五十三条　【公益性就业岗位】政府投资开发的公益性岗位，应当优先安排符合岗位要求的就业困难人员。被安排在公益性岗位工作的，按照国家规定给予岗位补贴。

条文注释

本条是关于公益性岗位的规定。

本法所称的公益性岗位，是指由政府投资开发，享受一定的政策优惠、财政扶持，并以安排就业困难人员为主的工作岗位。公益性岗位一般具有以下三个特征：(1)公益性岗位由政府投资开发。公益性岗位与其他岗位的不同，在于其不是由用人单位以该单位营利目的，为维护单位的正常运营而提供，而是由政府本着促进就业、安置就业困难人员的目的投资开发的。还有一部分公益性岗位是由政府出资购买的。(2)公益性岗位应当优先安排符合岗位条件的就业困难人员。按照《国务院关于进一步加强就业再就业工作的通知》的规定，就业困难对象主要包括国有企业下岗失业人员、厂办大集体企业下岗职工和国有企业关闭破产需要安置人员中的“4050”人员，享受城市居民最低生活保障、就业确有困难的长期失业人员。(3)对被安排在公益性岗位工作的人员，按照国家规定给予岗位补贴。《国务院关于进一步加强就业再就业工作的通知》规定对公益性岗位给予社会保险补贴。社会保险补贴标准按单位应为所招人员缴纳的养老、医疗和失业保险费计算。各地可根据实际对就业困难对象在公益性岗位工作提供适当的岗位补贴，补贴标准由当地政府确定，所需资金由地方财政解决。

关联法规

《国务院关于进一步加强就业再就业工作的通知》二

《〈中华人民共和国就业促进法〉宣传提纲》九

第五十四条　【加强基层就业援助】地方各级人民政府加强基层就业援助服务工作，对就业困难人员实施重点帮助，提供有针对性的就业服务和公益性岗位援助。

地方各级人民政府鼓励和支持社会各方面为就业困难人员提供技能培训、岗位信息等服务。

条文注释

本条是关于地方各级人民政府加强基层就业援助服务工作的规定。

本条第1款是关于地方各级人民政府直接进行就业援助服务工作的规定。地方各级人民政府应加强基层就业援助工作，对就业困难人员实施重点帮助。地方各级人民政府的就业服务工作的对象是各种有就业需求的人员，既包括就业困难人员，又包括其他非就业困难人员，如具有较高学历、技能的大学生和高级技术人员等。地方各级人民政府在加强就业服务工作的同时，应当对就业困难人员实施重点帮助，着重解决这些人员的就业困难问题。对就业困难人员，地方各级人民政府应提供有针对性的就业服务和公益性岗位援助。政府举办公共就业服务机构，向用人单位和求职者提供免费服务，帮助各类就业困难群体实现就业，是国际上的通行做法。其中，针对就业困难人员提供的就业服务主要包括职业介绍、职业指导、就业训练、社区就业岗位开发服务等。地方各级人民政府要不断完善就业服务制度，提高就业服务的制度化、专业化、社会化水平，提高就业援助的质量和效率，有针对性地对就业困难人员实施重点帮助。

本条第2款是关于地方各级人民政府鼓励和支持社会力量为就业困难人员提供就业服务的规定。地方各级人民政府除直接为就业困难人员提供就业援助外，还应当鼓励和支持社会各方面为就业困难人员提供技能培训、岗位信息等服务。政府应动员全社会力量，发展和规范各种职业中介机构和劳务派遣、职业咨询指导、就业信息服务等社会化服务组织。鼓励社会各类职业中介机构为劳动者提供诚信、有效的就业服务，鼓励和支持各类培训机构为就业困难人员提供技能培训，提高就业困难人员素质，培养适应企业需要的人才。地方各级人民政府应不断完善各项补贴政策，建立与服务成效挂钩的机制，对为就业困难人员提供免费的技能培训、岗位信息等的社会机构，按照规定给予一定的财政优惠或者补贴。

关联法规

《就业服务与就业管理规定》第42条

《〈中华人民共和国就业促进法〉宣传提纲》九

第五十五条　【促进残疾人就业】各级人民政府采取特别扶助措施，促进残疾人就业。

用人单位应当按照国家规定安排残疾人就业，具体办法由国务院规定。

条文注释

本条是关于促进残疾人就业的特别扶助措施的规定。

残疾人是需要全社会关心和帮助的特殊困难群体。与一般的就业困难群体相比，残疾人由于其身体状况，在就业时往往更为困难，需要国家对其就业采取特别扶助措施。残疾人就业有助于残疾人平等参与社会生活、共享社会物质文化成果。国家对残疾人就业实行集中就业与分散就业相结合的方针，促进残疾人就业。

各级人民政府在促进残疾人就业工作中具有主导作用,其应当采取措施,为残疾人就业创造条件。县级以上人民政府应当将残疾人就业纳入国民经济和社会发展规划,并制定优惠政策和具体扶持保护措施,为残疾人就业创造条件。各级人民政府应当加强对残疾人就业工作的统筹规划,综合协调。

用人单位应当按照国家规定安排残疾人就业,具体办法由国务院规定。《残疾人就业条例》第 8 条第 1 款规定,用人单位应当按照一定比例安排残疾人就业,并为其提供适当的工种、岗位。各省、自治区、直辖市人民政府根据该地区经济、社会发展的实际情况以及当地残疾人教育、培训、就业情况,可以作出具体规定。政府和社会依法兴办的残疾人福利企业、盲人按摩机构和其他福利性单位,应当集中安排残疾人就业。

关联法规

《残疾人保障法》第 3 条

《残疾人就业条例》第 2 条

第五十六条　【对零就业家庭的就业援助】县级以上地方人民政府采取多种就业形式,拓宽公益性岗位范围,开发就业岗位,确保城市有就业需求的家庭至少有一人实现就业。

法定劳动年龄内的家庭人员均处于失业状况的城市居民家庭,可以向住所地街道、社区公共就业服务机构申请就业援助。街道、社区公共就业服务机构经确认属实的,应当为该家庭中至少一人提供适当的就业岗位。

条文注释

本条是关于对零就业家庭的就业援助的规定。

零就业家庭,是指在城市家庭中,所有在法定劳动年龄内、具有劳动能力和就业愿望的家庭成员均处于失业状态,且无经营性、投资性收入的家庭。零就业家庭属于就业援助制度的扶持范围,政府应明确其在确保零就业家庭成员至少1人实现就业方面的职责。县级以上地方人民政府应当针对零就业家庭特点,大力开发就业岗位,多渠道帮扶零就业家庭成员实现就业。对零就业家庭的援助,还要注意完善相关管理办法和操作流程,街道、社区公共就业服务机构要加强和市、区公共就业服务机构的联系,积极搜集和提供适合零就业家庭成员的空岗信息,实现资源整合、信息共享,加强跟踪服务和动态管理。

关联法规

《国务院关于做好促进就业工作的通知》(十九)

《就业服务与就业管理规定》第41、43条

《〈中华人民共和国就业促进法〉宣传提纲》九

第五十七条 【引导特殊地区的劳动者转移就业】 国家鼓励资源开采型城市和独立工矿区发展与市场需求相适应的产业,引导劳动者转移就业。

对因资源枯竭或者经济结构调整等原因造成就业困难人员集中的地区,上级人民政府应当给予必要的扶持和帮助。

条文注释

本条是关于资源开采型城市、独立工矿区就业援助制度

的规定。

目前,我国一些资源开采型城市和独立工矿区存在的资源枯竭、经济结构调整等现象,引发了经济衰退、下岗失业人员较多、就业困难等问题;这些问题逐渐成为群体性、行业性、区域性的问题。资源开采型城市是城市职能分类中的一个重要类别,是指依靠开发自然资源建立起来的城市。独立工矿区,多是与城市有一定距离,依靠矿产资源、开办工矿企业而发展起来的。大多数资源开采型城市和独立工矿区都有一个大型或特大型的国有资源型企业,该地区经济的发展、产业结构布局等受这些大型资源型企业的影响很深,基本上都存在经济结构单一、民营经济发展不充分、市场机制不健全等问题。因此,要解决这些城市和地区的就业困难问题,必须从实际出发,实现城市转型,发展与市场需求相适应的产业,引导劳动者转移就业。

对因资源枯竭或者经济结构调整等原因造成就业困难人员集中的地区,上级人民政府应给予必要的扶持和帮助。要充分发挥政府在就业援助工作方面的重要作用,切实加强部门之间的配合,处理好各方面的问题,研究适合促进这些地区就业困难人员就业的政策措施,全面落实各项优惠政策。例如,积极提供政策咨询、职业指导、职业介绍、社保关系接续、劳动保障事务代理等服务。

关联法规

《国务院关于做好促进就业工作的通知》(二十)

《〈中华人民共和国就业促进法〉宣传提纲》九

第七章 监督检查

第五十八条 【促进就业的目标责任制】各级人民政府和有关部门应当建立促进就业的目标责任制度。县级以上人民政府按照促进就业目标责任制的要求，对所属的有关部门和下一级人民政府进行考核和监督。

条文注释

本条是关于促进就业的目标责任制的规定。

目标责任制，是指确定工作方向，制定相关措施，并在一定时期内完成预期的工作任务的制度。这种目标责任制度，包括上级对下级的要求，政府对相关部门的要求，还有人大对政府的监督等。各级人民政府应通过建立市场规则、改进就业服务和实施失业调控等手段不断增加就业岗位，减少失业人员。上级人民政府在考核和监督中要及时发现问题解决问题，建立新的目标，提高促进就业工作效率。

关联法规

《国务院关于做好促进就业工作的通知》(六)

《〈中华人民共和国就业促进法〉宣传提纲》三

第五十九条 【依法对就业专项资金进行监管】审计机关、财政部门应当依法对就业专项资金的管理和使用情况进行监督检查。

条文注释

就业专项资金是为改善就业环境、促进就业、扩大就业服务而设立的专项资金。为了保证就业专项资金不受非法截留、挪用，本法第15条和本条对就业专项资金的管理、使用和监督问题作了规定。审计监督是国家重要的财政、财务监督制度，审计机关、财政部门应协助政府制定正确的资金使用方案和管理计划，帮助各级人民政府合理使用就业专项资金。对就业专项资金的使用进行重点监督检查，避免挪用就业专项资金，用于其他项目，做到专款专用。审计机关要对相关就业促进项目的领导的廉洁情况进行重点审查，杜绝贪污、腐败、中饱私囊的情况发生，减少由于相关部门的领导不廉洁造成的就业促进专项资金的损失。如果发现就业促进资金的相关负责人有贪污等现象的发生并对就业促进工作造成损失，必须进行严厉惩处，并追回资金损失，把危害降到最低程度。

关联法规

《国务院关于做好促进就业工作的通知》(十三)

第六十条　【劳动行政部门的监督职责】劳动行政部门应当对本法实施情况进行监督检查，建立举报制度，受理对违反本法行为的举报，并及时予以核实、处理。

条文注释

本条是关于劳动行政部门的监督职责的规定。

举报，是指组织和个人向国家机关控告或者检举违法行为的行为。举报是我国《宪法》和法律赋予公民的一项权利，同时为专门机关的监督提供了有效渠道和有用线索，实现群众监督和专门机关监督的有效结合。为方便公民行使权利，劳动行政部门应当设立公开的举报电话或者信箱，并根据获得的举报线索，履行监督职责。

第八章　法律责任

第六十一条　【有关部门工作人员的法律责任】违反本法规定，劳动行政等有关部门及其工作人员滥用职权、玩忽职守、徇私舞弊的，对直接负责的主管人员和其他直接责任人员依法给予处分。

关联法规

《公务员法》第9章

《行政机关公务员处分条例》

第六十二条　【实施就业歧视的权利救济】违反本法规定，实施就业歧视的，劳动者可以向人民法院提起诉讼。

条文注释

本条是关于劳动者受到就业歧视时的权利救济渠道的规定。

实行公平就业，反对就业歧视，保障劳动者的平等就业权利，是促进就业工作的一项重要原则。目前劳动者受到就业歧视的情况比较普遍，如性别歧视、学历歧视、户口歧视、外貌歧视、对残疾人的歧视和对乙肝病毒携带者的歧视等。这些歧视现象的存在，损害了劳动者的工作机会和就业权利，使他们在已经处于社会弱势的情况下陷入更大的困境。

为了促进公平就业，保护劳动者的平等就业权，本法在《劳动法》等法律的基础上，专门规定了“公平就业”一章，对就业歧视的问题作出了更加明确的规定。对于用人单位和职业中介机构违反上述规定,实施就业歧视的,本条明确规定了受害劳动者的权利救济渠道,即受害人可以向人民法院提起诉讼,依法追究违法行为人的法律责任。违法行为人承担责任的方式有改正违法行为、赔礼道歉、承担侵权损害赔偿责任等。

第六十三条 【公共就业服务机构的法律责任】违反本法规定,地方各级人民政府和有关部门、公共就业服务机构举办经营性的职业中介机构,从事经营性职业中介活动,向劳动者收取费用的,由上级主管机关责令限期改正,将违法收取的费用退还劳动者,并对直接负责的主管人员和其他直接责任人员依法给予处分。

条文注释

本条是关于违法从事经营性职业中介活动行为应承担的法律责任的规定。

我国的就业服务机构分为政府举办的公共就业服务机构和社会力量举办的职业中介机构。各级人民政府应当设立向劳动者提供免费就业服务的公共就业服务机构,不得举办或者与他人联合举办经营性的职业中介机构。

地方各级人民政府和有关部门、公共就业服务机构向劳动者非法收取费用的违法行为主要包括非法向劳动者收取服务费、收取押金、收取招聘会的门票等。对于地方各级人民政府和有关部门、公共就业服务机构举办或者与他人联合举办经营性的职业中介机构,从事经营性职业中介活动,以及向劳动者收取费用的违法行为,要由上级主管机关责令限期改正,将违法收取的费用退还劳动者,并对直接负责的主管人员和其他直接责任人员依法给予处分。

本条规定的执法主体是上级主管机关,具体是哪一个上级主管机关,应该视违法主体的不同来决定:(1)违法主体是地方各级人民政府的,其上级主管机关是其上一级的人民政府;(2)违法主体是政府有关部门的,其上级主管机关是同级人民政府或者上级主管部门;(3)违法主体是公共就业服务机构,其上级主管机关是设立该机构的政府。

第六十四条　【黑职业中介的法律责任】违反本法规定,未经许可和登记,擅自从事职业中介活动的,由劳动行政部门或者其他主管部门依法予以关闭;有违法所得的,没收违法所得,并处一万元以上五万元以下的罚款。

条文注释

本条是关于未经许可和登记,擅自从事职业中介活动的违法行为应承担的法律责任的规定。

为了加强对职业中介机构的管理,本法明确规定了设立职业中介机构的条件和许可、登记程序,即设立职业中介机构应当向主管的劳动行政部门或者人事部门申请行政许可,获得许可后,还需要到工商部门进行登记。未经许可和登记,擅自从事职业中介活动的,要依法承担相应的法律责任。

未经许可和登记,擅自从事职业中介活动的,由劳动行政部门或者其他主管部门依法予以关闭;有违法所得的,没收违法所得,并处1万元以上5万元以下的罚款。需要注意的是,这里的依法予以关闭是指行政执法中常用的予以取缔的强制措施。

关联法规

《行政处罚法》第9条

第六十五条　【职业中介机构的法律责任】违反本法规定，职业中介机构提供虚假就业信息，为无合法证照的用人单位提供职业中介服务，伪造、涂改、转让职业中介许可证的，由劳动行政部门或者其他主管部门责令改正；有违法所得的，没收违法所得，并处一万元以上五万元以下的罚款；情节严重的，吊销职业中介许可证。

条文注释

本条是关于职业中介机构违法应承担的法律责任的规定。

本条是本法第41条规定的保障条款。需要明确的是，本条的责令改正并不是一种行政处罚，因为其不属于《行政处罚法》第9条规定的处罚种类。

本条的没收违法所得，是指由行政机关实施的将当事人的违法收入收归国有的处罚方式，实施这一处罚的前提是当事人因为违法行为而获得了非法收入，即有了违法所得才予以没收；如果当事人没有违法所得，这一处罚也就无法实施。所以，法律通常规定“有违法所得的，没收违法所得”。

本条的吊销职业中介许可证，是行政机关剥夺违法行为人已获得的从事某种活动的资格的处罚形式。由于吊销职业中介许可证剥夺了当事人从事执业中介活动的权利，因而该处罚形式是比较严厉的处罚种类，根据《行政处罚法》的规定，必须适用一般程序作出处罚决定；在处罚决定作出之前，当事人享有要求行政机关举行听证的权利。

关联法规

《行政处罚法》第28条

第六十六条 【职业中介机构扣押劳动者身份证等证件的法律责任】违反本法规定，职业中介机构扣押劳动者居民身份证等证件的，由劳动行政部门责令限期退还劳动者，并依照有关法律规定给予处罚。

违反本法规定，职业中介机构向劳动者收取押金的，由劳动行政部门责令限期退还劳动者，并以每人五百元以上二千元以下的标准处以罚款。

条文注释

本条是关于职业中介机构扣押劳动者居民身份证等证件或者向劳动者收取押金的违法行为应承担的法律责任的规定。

居民身份证是每一个公民的重要身份证件。颁发居民身份证是为了证明居住在中华人民共和国境内的公民的身份，保障公民的合法权益，方便公民进行社会活动。针对一些职业中介机构在向劳动者提供就业服务时，违法扣押劳动者的居民身份证等证件的行为，本法第41条明令禁止。这里的有关法律主要是指《居民身份证法》。根据该法第15条第3款的规定，除了公安机关依照《刑事诉讼法》执行监视居住强制措施的情形以外，任何组织或者个人均不得扣押他人的居民身份证。因此，用人单位违法扣押劳动者居民身份证的，除由劳动行政部门责令限期退还劳动者本人外，还要由公安机关根据《居民身份证法》第16条的规定，对该用人单位进行行政处罚，包括：给予警告；处200元以下罚款；有违法所得的，没收违法所得。除了居民身份证外，职业中介机构也不得非法扣押劳动者的户口簿、护照等重要的个人证件。

关联法规

《居民身份证法》第15、16条

《护照法》第2条

第六十七条 【违法提取或者挪用职工教育经费的法律责任】违反本法规定，企业未按照国家规定提取职工教育经费，或者挪用职工教育经费的，由劳动行政部门责令改正，并依法给予处罚。

条文注释

依法建立职工教育培训制度，按照国家规定提取职工教育经费，履行职工教育培训的职责，以提高职工的学习能力、实践能力和创新能力，维护职工的学习权、发展权，是企业应当承担的法定义务。企业职工教育经费必须专款专用，面向全体职工开展教育培训。

在理解本条时，需要注意以下两点：一是企业未按照国家规定提取职工教育经费的行为，既包括企业根本没有提取职工教育经费的行为，也包括企业未按照国家规定的比例足额提取职工教育经费的行为；二是在执法中，对于企业未按照国家规定提取职工教育经费的行为，劳动行政部门必须首先立足于让企业改正违法行为，依照国家规定的比例提取职工教育经费；不能一罚了事，以罚款代替职工教育经费。

关联法规

《关于企业职工教育经费提取与使用管理的意见》

第六十八条　【违反本法的民事责任和刑事责任】违反本法规定，侵害劳动者合法权益，造成财产损失或者其他损害的，依法承担民事责任；构成犯罪的，依法追究刑事责任。

条文注释

本条是关于违反本法的民事责任和刑事责任的规定。

本条规定综合性的法律责任，是为了与其他法律相衔接，因为《民法典》和《刑法》分别是我国民事和刑事方面的基本法，包括所有的民事侵权法律责任和刑事法律责任。对于违反本法的所有违法行为，造成民事侵权，依法应当承担民事责任的，就依据《民法典》的规定追究民事责任；如果构成犯罪，则依据《刑法》追究刑事责任。

违反本法应当承担的民事损害赔偿责任的违法行为，主要包括：(1)用人单位和职业中介机构对劳动者实施就业歧视的；(2)未经许可和登记，擅自从事职业中介活动给劳动者造成损害的；(3)职业中介机构向劳动者提供虚假就业信息，为无合法证照的用人单位提供职业中介服务，伪造、涂改、转让职业中介许可证，扣押劳动者的居民身份证和其他证件，或者向劳动者收取押金等，给劳动者造成损害的。

违反本法规定，构成犯罪的，要依法追究刑事责任。违反本法的犯罪行为，主要包括：(1)劳动行政等有关部门及其工作人员截留、克扣、挪用、贪污就业专项资金的行为，情节严重触犯《刑法》的，可构成贪污罪、挪用公款罪。(2)劳动行政等有关部门及其工作人员在就业促进工作中滥用职权、玩忽职守、徇私舞弊的行为，情节严重触犯《刑法》的，可构成滥用职权罪、玩忽职守罪、徇私舞弊罪。(3)劳动行政等有关部门及其工作人员索取、收受贿赂的行为，情节严重触犯《刑法》的，可构成受贿罪。

关联法规

《刑法》第382～386、397条

第九章　附　　则

第六十九条　【施行日期】本法自2008年1月1日起施行。

附录

中华人民共和国劳动法（节录）

（1994年7月5日第八届全国人民代表大会常务委员会第八次会议通过　根据2009年8月27日第十一届全国人民代表大会常务委员会第十次会议《关于修改部分法律的决定》第一次修正　根据2018年12月29日第十三届全国人民代表大会常务委员会第七次会议《关于修改〈中华人民共和国劳动法〉等七部法律的决定》第二次修正）

第二章　促 进 就 业

第十条　国家通过促进经济和社会发展，创造就业条件，扩大就业机会。

国家鼓励企业、事业组织、社会团体在法律、行政法规规定的范围内兴办产业或者拓展经营，增加就业。

国家支持劳动者自愿组织起来就业和从事个体经营实现就业。

第十一条　地方各级人民政府应当采取措施，发展多种类型的职业介绍机构，提供就业服务。

第十二条　劳动者就业,不因民族、种族、性别、宗教信仰不同而受歧视。

第十三条　妇女享有与男子平等的就业权利。在录用职工时,除国家规定的不适合妇女的工种或者岗位外,不得以性别为由拒绝录用妇女或者提高对妇女的录用标准。

第十四条　残疾人、少数民族人员、退出现役的军人的就业,法律、法规有特别规定的,从其规定。

第十五条　禁止用人单位招用未满十六周岁的未成年人。

文艺、体育和特种工艺单位招用未满十六周岁的未成年人,必须遵守国家有关规定,并保障其接受义务教育的权利。

中华人民共和国
妇女权益保障法(节录)

(1992年4月3日第七届全国人民代表大会第五次会议通过 根据2005年8月28日第十届全国人民代表大会常务委员会第十七次会议《关于修改〈中华人民共和国妇女权益保障法〉的决定》第一次修正 根据2018年10月26日第十三届全国人民代表大会常务委员会第六次会议《关于修改〈中华人民共和国野生动物保护法〉等十五部法律的决定》第二次修正)

第四章 劳动和社会保障权益

第二十二条 国家保障妇女享有与男子平等的劳动权利和社会保障权利。

第二十三条 各单位在录用职工时,除不适合妇女的工种或者岗位外,不得以性别为由拒绝录用妇女或者提高对妇女的录用标准。

各单位在录用女职工时,应当依法与其签订劳动(聘用)合同或者服务协议,劳动(聘用)合同或者服务协议中不得规定限制女职工结婚、生育的内容。

禁止录用未满十六周岁的女性未成年人,国家另有规定的除外。

第二十四条 实行男女同工同酬。妇女在享受福利待遇方面享有与男子平等的权利。

第二十五条 在晋职、晋级、评定专业技术职务等方面,应当坚持男女平等的原则,不得歧视妇女。

第二十六条 任何单位均应根据妇女的特点,依法保护妇女在工作和劳动时的安全和健康,不得安排不适合妇女从事的工作和劳动。

妇女在经期、孕期、产期、哺乳期受特殊保护。

第二十七条 任何单位不得因结婚、怀孕、产假、哺乳等情形,降低女职工的工资,辞退女职工,单方解除劳动(聘用)合同或者服务协议。但是,女职工要求终止劳动(聘用)合同或者服务协议的除外。

各单位在执行国家退休制度时,不得以性别为由歧视妇女。

第二十八条 国家发展社会保险、社会救助、社会福利和医疗卫生事业,保障妇女享有社会保险、社会救助、社会福利和卫生保健等权益。

国家提倡和鼓励为帮助妇女开展的社会公益活动。

第二十九条 国家推行生育保险制度,建立健全与生育相关的其他保障制度。

地方各级人民政府和有关部门应当按照有关规定为贫困妇女提供必要的生育救助。

中华人民共和国
残疾人保障法(节录)

(1990年12月28日第七届全国人民代表大会常务委员会第十七次会议通过 2008年4月24日第十一届全国人民代表大会常务委员会第二次会议修订 根据2018年10月26日第十三届全国人民代表大会常务委员会第六次会议《关于修改〈中华人民共和国野生动物保护法〉等十五部法律的决定》修正)

第四章 劳动就业

第三十条 国家保障残疾人劳动的权利。

各级人民政府应当对残疾人劳动就业统筹规划,为残疾人创造劳动就业条件。

第三十一条 残疾人劳动就业,实行集中与分散相结合的方针,采取优惠政策和扶持保护措施,通过多渠道、多层次、多种形式,使残疾人劳动就业逐步普及、稳定、合理。

第三十二条 政府和社会举办残疾人福利企业、盲人按摩机构和其他福利性单位,集中安排残疾人就业。

第三十三条 国家实行按比例安排残疾人就业制度。

国家机关、社会团体、企业事业单位、民办非企业单位应当按照规定的比例安排残疾人就业,并为其选择适当的工种和岗位。达不到规定比例的,按照国家有关规定履行保障残疾人就业义务。国家鼓励用人单位超过规定比例安排残疾人就业。

残疾人就业的具体办法由国务院规定。

第三十四条　国家鼓励和扶持残疾人自主择业、自主创业。

第三十五条　地方各级人民政府和农村基层组织,应当组织和扶持农村残疾人从事种植业、养殖业、手工业和其他形式的生产劳动。

第三十六条　国家对安排残疾人就业达到、超过规定比例或者集中安排残疾人就业的用人单位和从事个体经营的残疾人,依法给予税收优惠,并在生产、经营、技术、资金、物资、场地等方面给予扶持。国家对从事个体经营的残疾人,免除行政事业性收费。

县级以上地方人民政府及其有关部门应当确定适合残疾人生产、经营的产品、项目,优先安排残疾人福利性单位生产或者经营,并根据残疾人福利性单位的生产特点确定某些产品由其专产。

政府采购,在同等条件下应当优先购买残疾人福利性单位的产品或者服务。

地方各级人民政府应当开发适合残疾人就业的公益性岗位。

对申请从事个体经营的残疾人,有关部门应当优先核发营业执照。

对从事各类生产劳动的农村残疾人,有关部门应当在生产服务、技术指导、农用物资供应、农副产品购销和信贷等方面,给予帮助。

第三十七条　政府有关部门设立的公共就业服务机构,应当为残疾人免费提供就业服务。

残疾人联合会举办的残疾人就业服务机构,应当组织开展免费的职业指导、职业介绍和职业培训，为残疾人就业和用人单位招用残疾人提供服务和帮助。

第三十八条 国家保护残疾人福利性单位的财产所有权和经营自主权，其合法权益不受侵犯。

在职工的招用、转正、晋级、职称评定、劳动报酬、生活福利、休息休假、社会保险等方面，不得歧视残疾人。

残疾职工所在单位应当根据残疾职工的特点，提供适当的劳动条件和劳动保护，并根据实际需要对劳动场所、劳动设备和生活设施进行改造。

国家采取措施，保障盲人保健和医疗按摩人员从业的合法权益。

第三十九条 残疾职工所在单位应当对残疾职工进行岗位技术培训，提高其劳动技能和技术水平。

第四十条 任何单位和个人不得以暴力、威胁或者非法限制人身自由的手段强迫残疾人劳动。

中华人民共和国
未成年人保护法(节录)

(1991年9月4日第七届全国人民代表大会常务委员会第二十一次会议通过　2006年12月29日第十届全国人民代表大会常务委员会第二十五次会议第一次修订　根据2012年10月26日第十一届全国人民代表大会常务委员会第二十九次会议《关于修改〈中华人民共和国未成年人保护法〉的决定》修正　2020年10月17日第十三届全国人民代表大会常务委员会第二十二次会议第二次修订)

第六十一条　任何组织或者个人不得招用未满十六周岁未成年人,国家另有规定的除外。

营业性娱乐场所、酒吧、互联网上网服务营业场所等不适宜未成年人活动的场所不得招用已满十六周岁的未成年人。

招用已满十六周岁未成年人的单位和个人应当执行国家在工种、劳动时间、劳动强度和保护措施等方面的规定,不得安排其从事过重、有毒、有害等危害未成年人身心健康的劳动或者危险作业。

任何组织或者个人不得组织未成年人进行危害其身心健康的

表演等活动。经未成年人的父母或者其他监护人同意,未成年人参与演出、节目制作等活动,活动组织方应当根据国家有关规定,保障未成年人合法权益。

第八十五条 各级人民政府应当发展职业教育,保障未成年人接受职业教育或者职业技能培训,鼓励和支持人民团体、企业事业单位、社会组织为未成年人提供职业技能培训服务。

第八十六条 各级人民政府应当保障具有接受普通教育能力、能适应校园生活的残疾未成年人就近在普通学校、幼儿园接受教育;保障不具有接受普通教育能力的残疾未成年人在特殊教育学校、幼儿园接受学前教育、义务教育和职业教育。

各级人民政府应当保障特殊教育学校、幼儿园的办学、办园条件,鼓励和支持社会力量举办特殊教育学校、幼儿园。

第一百二十六条 密切接触未成年人的单位违反本法第六十二条规定,未履行查询义务,或者招用、继续聘用具有相关违法犯罪记录人员的,由教育、人力资源和社会保障、市场监督管理等部门按照职责分工责令限期改正,给予警告,并处五万元以下罚款;拒不改正或者造成严重后果的,责令停业整顿或者吊销营业执照、吊销相关许可证,并处五万元以上五十万元以下罚款,对直接负责的主管人员和其他直接责任人员依法给予处分。

残疾人就业条例

（2007年2月25日国务院令第488号公布
自2007年5月1日起施行）

第一章　总　　则

第一条　为了促进残疾人就业，保障残疾人的劳动权利，根据《中华人民共和国残疾人保障法》和其他有关法律，制定本条例。

第二条　国家对残疾人就业实行集中就业与分散就业相结合的方针，促进残疾人就业。

县级以上人民政府应当将残疾人就业纳入国民经济和社会发展规划，并制定优惠政策和具体扶持保护措施，为残疾人就业创造条件。

第三条　机关、团体、企业、事业单位和民办非企业单位（以下统称用人单位）应当依照有关法律、本条例和其他有关行政法规的规定，履行扶持残疾人就业的责任和义务。

第四条　国家鼓励社会组织和个人通过多种渠道、多种形式，帮助、支持残疾人就业，鼓励残疾人通过应聘等多种形式就业。禁止在就业中歧视残疾人。

残疾人应当提高自身素质，增强就业能力。

第五条 各级人民政府应当加强对残疾人就业工作的统筹规划,综合协调。县级以上人民政府负责残疾人工作的机构,负责组织、协调、指导、督促有关部门做好残疾人就业工作。

县级以上人民政府劳动保障、民政等有关部门在各自的职责范围内,做好残疾人就业工作。

第六条 中国残疾人联合会及其地方组织依照法律、法规或者接受政府委托,负责残疾人就业工作的具体组织实施与监督。

工会、共产主义青年团、妇女联合会,应当在各自的工作范围内,做好残疾人就业工作。

第七条 各级人民政府对在残疾人就业工作中做出显著成绩的单位和个人,给予表彰和奖励。

第二章 用人单位的责任

第八条 用人单位应当按照一定比例安排残疾人就业,并为其提供适当的工种、岗位。

用人单位安排残疾人就业的比例不得低于本单位在职职工总数的1.5%。具体比例由省、自治区、直辖市人民政府根据本地区的实际情况规定。

用人单位跨地区招用残疾人的,应当计入所安排的残疾人职工人数之内。

第九条 用人单位安排残疾人就业达不到其所在地省、自治区、直辖市人民政府规定比例的,应当缴纳残疾人就业保障金。

第十条 政府和社会依法兴办的残疾人福利企业、盲人按摩机构和其他福利性单位(以下统称集中使用残疾人的用人单位),应当集中安排残疾人就业。

集中使用残疾人的用人单位的资格认定,按照国家有关规定执行。

第十一条　集中使用残疾人的用人单位中从事全日制工作的残疾人职工，应当占本单位在职职工总数的25%以上。

第十二条　用人单位招用残疾人职工，应当依法与其签订劳动合同或者服务协议。

第十三条　用人单位应当为残疾人职工提供适合其身体状况的劳动条件和劳动保护，不得在晋职、晋级、评定职称、报酬、社会保险、生活福利等方面歧视残疾人职工。

第十四条　用人单位应当根据本单位残疾人职工的实际情况，对残疾人职工进行上岗、在岗、转岗等培训。

第三章　保 障 措 施

第十五条　县级以上人民政府应当采取措施，拓宽残疾人就业渠道，开发适合残疾人就业的公益性岗位，保障残疾人就业。

县级以上地方人民政府发展社区服务事业，应当优先考虑残疾人就业。

第十六条　依法征收的残疾人就业保障金应当纳入财政预算，专项用于残疾人职业培训以及为残疾人提供就业服务和就业援助，任何组织或者个人不得贪污、挪用、截留或者私分。残疾人就业保障金征收、使用、管理的具体办法，由国务院财政部门会同国务院有关部门规定。

财政部门和审计机关应当依法加强对残疾人就业保障金使用情况的监督检查。

第十七条　国家对集中使用残疾人的用人单位依法给予税收优惠，并在生产、经营、技术、资金、物资、场地使用等方面给予扶持。

第十八条 县级以上地方人民政府及其有关部门应当确定适合残疾人生产、经营的产品、项目，优先安排集中使用残疾人的用人单位生产或者经营，并根据集中使用残疾人的用人单位的生产特点确定某些产品由其专产。

政府采购，在同等条件下，应当优先购买集中使用残疾人的用人单位的产品或者服务。

第十九条 国家鼓励扶持残疾人自主择业、自主创业。对残疾人从事个体经营的，应当依法给予税收优惠，有关部门应当在经营场地等方面给予照顾，并按照规定免收管理类、登记类和证照类的行政事业性收费。

国家对自主择业、自主创业的残疾人在一定期限内给予小额信贷等扶持。

第二十条 地方各级人民政府应当多方面筹集资金，组织和扶持农村残疾人从事种植业、养殖业、手工业和其他形式的生产劳动。

有关部门对从事农业生产劳动的农村残疾人，应当在生产服务、技术指导、农用物资供应、农副产品收购和信贷等方面给予帮助。

第四章 就业服务

第二十一条 各级人民政府和有关部门应当为就业困难的残疾人提供有针对性的就业援助服务，鼓励和扶持职业培训机构为残疾人提供职业培训，并组织残疾人定期开展职业技能竞赛。

第二十二条 中国残疾人联合会及其地方组织所属的残疾人就业服务机构应当免费为残疾人就业提供下列服务：

（一）发布残疾人就业信息；

（二）组织开展残疾人职业培训；

（三）为残疾人提供职业心理咨询、职业适应评估、职业康复训练、求职定向指导、职业介绍等服务；

（四）为残疾人自主择业提供必要的帮助；

（五）为用人单位安排残疾人就业提供必要的支持。

国家鼓励其他就业服务机构为残疾人就业提供免费服务。

第二十三条　受劳动保障部门的委托，残疾人就业服务机构可以进行残疾人失业登记、残疾人就业与失业统计；经所在地劳动保障部门批准，残疾人就业服务机构还可以进行残疾人职业技能鉴定。

第二十四条　残疾人职工与用人单位发生争议的，当地法律援助机构应当依法为其提供法律援助，各级残疾人联合会应当给予支持和帮助。

第五章　法律责任

第二十五条　违反本条例规定，有关行政主管部门及其工作人员滥用职权、玩忽职守、徇私舞弊，构成犯罪的，依法追究刑事责任；尚不构成犯罪的，依法给予处分。

第二十六条　违反本条例规定，贪污、挪用、截留、私分残疾人就业保障金，构成犯罪的，依法追究刑事责任；尚不构成犯罪的，对有关责任单位、直接负责的主管人员和其他直接责任人员依法给予处分或者处罚。

第二十七条　违反本条例规定，用人单位未按照规定缴纳残疾人就业保障金的，由财政部门给予警告，责令限期缴纳；逾期仍不缴纳的，除补缴欠缴数额外，还应当自欠缴之日起，按日加收5‰的滞纳金。

第二十八条 违反本条例规定，用人单位弄虚作假，虚报安排残疾人就业人数，骗取集中使用残疾人的用人单位享受的税收优惠待遇的，由税务机关依法处理。

第六章 附 则

第二十九条 本条例所称残疾人就业，是指符合法定就业年龄有就业要求的残疾人从事有报酬的劳动。

第三十条 本条例自2007年5月1日起施行。

失业保险条例

（1999年1月22日国务院令第258号公布施行）

第一章 总 则

第一条 为了保障失业人员失业期间的基本生活，促进其再就业，制定本条例。

第二条 城镇企业事业单位、城镇企业事业单位职工依照本条例的规定，缴纳失业保险费。

城镇企业事业单位失业人员依照本条例的规定，享受失业保险待遇。

本条所称城镇企业，是指国有企业、城镇集体企业、外商投资企业、城镇私营企业以及其他城镇企业。

第三条　国务院劳动保障行政部门主管全国的失业保险工作。县级以上地方各级人民政府劳动保障行政部门主管本行政区域内的失业保险工作。劳动保障行政部门按照国务院规定设立的经办失业保险业务的社会保险经办机构依照本条例的规定，具体承办失业保险工作。

第四条　失业保险费按照国家有关规定征缴。

第二章　失业保险基金

第五条　失业保险基金由下列各项构成：

（一）城镇企业事业单位、城镇企业事业单位职工缴纳的失业保险费；

（二）失业保险基金的利息；

（三）财政补贴；

（四）依法纳入失业保险基金的其他资金。

第六条　城镇企业事业单位按照本单位工资总额的百分之二缴纳失业保险费。城镇企业事业单位职工按照本人工资的百分之一缴纳失业保险费。城镇企业事业单位招用的农民合同制工人本人不缴纳失业保险费。

第七条　失业保险基金在直辖市和设区的市实行全市统筹；其他地区的统筹层次由省、自治区人民政府规定。

第八条　省、自治区可以建立失业保险调剂金。

失业保险调剂金以统筹地区依法应当征收的失业保险费为基数，按照省、自治区人民政府规定的比例筹集。

统筹地区的失业保险基金不敷使用时，由失业保险调剂金调剂、地方财政补贴。

失业保险调剂金的筹集、调剂使用以及地方财政补贴的具体办法,由省、自治区人民政府规定。

第九条 省、自治区、直辖市人民政府根据本行政区域失业人员数量和失业保险基金数额,报经国务院批准,可以适当调整本行政区域失业保险费的费率。

第十条 失业保险基金用于下列支出:

(一)失业保险金;

(二)领取失业保险金期间的医疗补助金;

(三)领取失业保险金期间死亡的失业人员的丧葬补助金和其供养的配偶、直系亲属的抚恤金;

(四)领取失业保险金期间接受职业培训、职业介绍的补贴,补贴的办法和标准由省、自治区、直辖市人民政府规定;

(五)国务院规定或者批准的与失业保险有关的其他费用。

第十一条 失业保险基金必须存入财政部门在国有商业银行开设的社会保障基金财政专户,实行收支两条线管理,由财政部门依法进行监督。

存入银行和按照国家规定购买国债的失业保险基金,分别按照城乡居民同期存款利率和国债利息计息。失业保险基金的利息并入失业保险基金。

失业保险基金专款专用,不得挪作他用,不得用于平衡财政收支。

第十二条 失业保险基金收支的预算、决算,由统筹地区社会保险经办机构编制,经同级劳动保障行政部门复核、同级财政部门审核,报同级人民政府审批。

第十三条 失业保险基金的财务制度和会计制度按照国家有关规定执行。

第三章 失业保险待遇

第十四条 具备下列条件的失业人员，可以领取失业保险金：

（一）按照规定参加失业保险，所在单位和本人已按照规定履行缴费义务满1年的；

（二）非因本人意愿中断就业的；

（三）已办理失业登记，并有求职要求的。

失业人员在领取失业保险金期间，按照规定同时享受其他失业保险待遇。

第十五条 失业人员在领取失业保险金期间有下列情形之一的，停止领取失业保险金，并同时停止享受其他失业保险待遇：

（一）重新就业的；

（二）应征服兵役的；

（三）移居境外的；

（四）享受基本养老保险待遇的；

（五）被判刑收监执行或者被劳动教养的；

（六）无正当理由，拒不接受当地人民政府指定的部门或者机构介绍的工作的；

（七）有法律、行政法规规定的其他情形的。

第十六条 城镇企业事业单位应当及时为失业人员出具终止或者解除劳动关系的证明，告知其按照规定享受失业保险待遇的权利，并将失业人员的名单自终止或者解除劳动关系之日起7日内报社会保险经办机构备案。

城镇企业事业单位职工失业后，应当持本单位为其出具的终止或者解除劳动关系的证明，及时到指定的社会保险经办机构办理失业登记。失业保险金自办理失业登记之日起计算。

失业保险金由社会保险经办机构按月发放。社会保险经办机构为失业人员开具领取失业保险金的单证,失业人员凭单证到指定银行领取失业保险金。

第十七条 失业人员失业前所在单位和本人按照规定累计缴费时间满1年不足5年的,领取失业保险金的期限最长为12个月;累计缴费时间满5年不足10年的,领取失业保险金的期限最长为18个月;累计缴费时间10年以上的,领取失业保险金的期限最长为24个月。重新就业后,再次失业的,缴费时间重新计算,领取失业保险金的期限可以与前次失业应领取而尚未领取的失业保险金的期限合并计算,但是最长不得超过24个月。

第十八条 失业保险金的标准,按照低于当地最低工资标准、高于城市居民最低生活保障标准的水平,由省、自治区、直辖市人民政府确定。

第十九条 失业人员在领取失业保险金期间患病就医的,可以按照规定向社会保险经办机构申请领取医疗补助金。医疗补助金的标准由省、自治区、直辖市人民政府规定。

第二十条 失业人员在领取失业保险金期间死亡的,参照当地对在职职工的规定,对其家属一次性发给丧葬补助金和抚恤金。

第二十一条 单位招用的农民合同制工人连续工作满1年,本单位并已缴纳失业保险费,劳动合同期满未续订或者提前解除劳动合同的,由社会保险经办机构根据其工作时间长短,对其支付一次性生活补助。补助的办法和标准由省、自治区、直辖市人民政府规定。

第二十二条 城镇企业事业单位成建制跨统筹地区转移,失业人员跨统筹地区流动的,失业保险关系随之转迁。

第二十三条 失业人员符合城市居民最低生活保障条件的,按照规定享受城市居民最低生活保障待遇。

第四章 管理和监督

第二十四条 劳动保障行政部门管理失业保险工作，履行下列职责：

（一）贯彻实施失业保险法律、法规；

（二）指导社会保险经办机构的工作；

（三）对失业保险费的征收和失业保险待遇的支付进行监督检查。

第二十五条 社会保险经办机构具体承办失业保险工作，履行下列职责：

（一）负责失业人员的登记、调查、统计；

（二）按照规定负责失业保险基金的管理；

（三）按照规定核定失业保险待遇，开具失业人员在指定银行领取失业保险金和其他补助金的单证；

（四）拨付失业人员职业培训、职业介绍补贴费用；

（五）为失业人员提供免费咨询服务；

（六）国家规定由其履行的其他职责。

第二十六条 财政部门和审计部门依法对失业保险基金的收支、管理情况进行监督。

第二十七条 社会保险经办机构所需经费列入预算，由财政拨付。

第五章 罚 则

第二十八条 不符合享受失业保险待遇条件，骗取失业保险金和其他失业保险待遇的，由社会保险经办机构责令退还；情节严重的，由劳动保障行政部门处骗取金额1倍以上3倍以下的罚款。

第二十九条　社会保险经办机构工作人员违反规定向失业人员开具领取失业保险金或者享受其他失业保险待遇单证，致使失业保险基金损失的，由劳动保障行政部门责令追回；情节严重的，依法给予行政处分。

第三十条　劳动保障行政部门和社会保险经办机构的工作人员滥用职权、徇私舞弊、玩忽职守，造成失业保险基金损失的，由劳动保障行政部门追回损失的失业保险基金；构成犯罪的，依法追究刑事责任；尚不构成犯罪的，依法给予行政处分。

第三十一条　任何单位、个人挪用失业保险基金的，追回挪用的失业保险基金；有违法所得的，没收违法所得，并入失业保险基金；构成犯罪的，依法追究刑事责任；尚不构成犯罪的，对直接负责的主管人员和其他直接责任人员依法给予行政处分。

第六章　附　则

第三十二条　省、自治区、直辖市人民政府根据当地实际情况，可以决定本条例适用于本行政区域内的社会团体及其专职人员、民办非企业单位及其职工、有雇工的城镇个体工商户及其雇工。

第三十三条　本条例自发布之日起施行。1993年4月12日国务院发布的《国有企业职工待业保险规定》同时废止。

就业服务与就业管理规定

（2007年11月5日劳动和社会保障部令第28号公布　根据2014年12月23日《人力资源社会保障部关于修改〈就业服务与就业管理规定〉的决定》第一次修订　根据2015年4月30日《人力资源社会保障部关于修改部分规章的决定》第二次修订　根据2018年12月14日《人力资源社会保障部关于修改部分规章的决定》第三次修订）

第一章　总　　则

第一条　为了加强就业服务和就业管理，培育和完善统一开放、竞争有序的人力资源市场，为劳动者就业和用人单位招用人员提供服务，根据就业促进法等法律、行政法规，制定本规定。

第二条　劳动者求职与就业，用人单位招用人员，劳动保障行政部门举办的公共就业服务机构和经劳动保障行政部门审批的职业中介机构从事就业服务活动，适用本规定。

本规定所称用人单位，是指在中华人民共和国境内的企业、个体经济组织、民办非企业单位等组织，以及招用与之建立劳动关系的劳动者的国家机关、事业单位、社会团体。

第三条 县级以上劳动保障行政部门依法开展本行政区域内的就业服务和就业管理工作。

第二章 求职与就业

第四条 劳动者依法享有平等就业的权利。劳动者就业,不因民族、种族、性别、宗教信仰等不同而受歧视。

第五条 农村劳动者进城就业享有与城镇劳动者平等的就业权利,不得对农村劳动者进城就业设置歧视性限制。

第六条 劳动者依法享有自主择业的权利。劳动者年满16周岁,有劳动能力且有就业愿望的,可凭本人身份证件,通过公共就业服务机构、职业中介机构介绍或直接联系用人单位等渠道求职。

第七条 劳动者求职时,应当如实向公共就业服务机构或职业中介机构、用人单位提供个人基本情况以及与应聘岗位直接相关的知识技能、工作经历、就业现状等情况,并出示相关证明。

第八条 劳动者应当树立正确的择业观念,提高就业能力和创业能力。

国家鼓励劳动者在就业前接受必要的职业教育或职业培训,鼓励城镇初高中毕业生在就业前参加劳动预备制培训。

国家鼓励劳动者自主创业、自谋职业。各级劳动保障行政部门应当会同有关部门,简化程序,提高效率,为劳动者自主创业、自谋职业提供便利和相应服务。

第三章 招 用 人 员

第九条 用人单位依法享有自主用人的权利。用人单位招用人员，应当向劳动者提供平等的就业机会和公平的就业条件。

第十条 用人单位可以通过下列途径自主招用人员：

（一）委托公共就业服务机构或职业中介机构；

（二）参加职业招聘洽谈会；

（三）委托报纸、广播、电视、互联网站等大众传播媒介发布招聘信息；

（四）利用本企业场所、企业网站等自有途径发布招聘信息；

（五）其他合法途径。

第十一条 用人单位委托公共就业服务机构或职业中介机构招用人员，或者参加招聘洽谈会时，应当提供招用人员简章，并出示营业执照（副本）或者有关部门批准其设立的文件、经办人的身份证件和受用人单位委托的证明。

招用人员简章应当包括用人单位基本情况、招用人数、工作内容、招录条件、劳动报酬、福利待遇、社会保险等内容，以及法律、法规规定的其他内容。

第十二条 用人单位招用人员时，应当依法如实告知劳动者有关工作内容、工作条件、工作地点、职业危害、安全生产状况、劳动报酬以及劳动者要求了解的其他情况。

用人单位应当根据劳动者的要求，及时向其反馈是否录用的情况。

第十三条 用人单位应当对劳动者的个人资料予以保密。公开劳动者的个人资料信息和使用劳动者的技术、智力成果，须经劳动者本人书面同意。

第十四条 用人单位招用人员不得有下列行为：

（一）提供虚假招聘信息，发布虚假招聘广告；

（二）扣押被录用人员的居民身份证和其他证件；

（三）以担保或者其他名义向劳动者收取财物；

（四）招用未满 16 周岁的未成年人以及国家法律、行政法规规定不得招用的其他人员；

（五）招用无合法身份证件的人员；

（六）以招用人员为名牟取不正当利益或进行其他违法活动。

第十五条　用人单位不得以诋毁其他用人单位信誉、商业贿赂等不正当手段招聘人员。

第十六条　用人单位在招用人员时，除国家规定的不适合妇女从事的工种或者岗位外，不得以性别为由拒绝录用妇女或者提高对妇女的录用标准。

用人单位录用女职工，不得在劳动合同中规定限制女职工结婚、生育的内容。

第十七条　用人单位招用人员，应当依法对少数民族劳动者给予适当照顾。

第十八条　用人单位招用人员，不得歧视残疾人。

第十九条　用人单位招用人员，不得以是传染病病原携带者为由拒绝录用。但是，经医学鉴定传染病病原携带者在治愈前或者排除传染嫌疑前，不得从事法律、行政法规和国务院卫生行政部门规定禁止从事的易使传染病扩散的工作。

用人单位招用人员，除国家法律、行政法规和国务院卫生行政部门规定禁止乙肝病原携带者从事的工作外，不得强行将乙肝病毒血清学指标作为体检标准。

第二十条　用人单位发布的招用人员简章或招聘广告，不得包含歧视性内容。

第二十一条　用人单位招用从事涉及公共安全、人身健康、生命财产安全等特殊工种的劳动者，应当依法招用持相应工种职业资格证书的人员；招用未持相应工种职业资格证书人员的，须组织其在上岗前参加专门培训，使其取得职业资格证书后方可上岗。

第二十二条 用人单位招用台港澳人员后，应当按有关规定到当地劳动保障行政部门备案，并为其办理《台港澳人员就业证》。

第二十三条 用人单位招用外国人，应当在外国人入境前，按有关规定到当地劳动保障行政部门为其申请就业许可，经批准并获得《中华人民共和国外国人就业许可证书》后方可招用。

用人单位招用外国人的岗位必须是有特殊技能要求、国内暂无适当人选的岗位，并且不违反国家有关规定。

第四章 公共就业服务

第二十四条 县级以上劳动保障行政部门统筹管理本行政区域内的公共就业服务工作，根据政府制定的发展计划，建立健全覆盖城乡的公共就业服务体系。

公共就业服务机构根据政府确定的就业工作目标任务，制定就业服务计划，推动落实就业扶持政策，组织实施就业服务项目，为劳动者和用人单位提供就业服务，开展人力资源市场调查分析，并受劳动保障行政部门委托经办促进就业的相关事务。

第二十五条 公共就业服务机构应当免费为劳动者提供以下服务：

（一）就业政策法规咨询；

（二）职业供求信息、市场工资指导价位信息和职业培训信息发布；

（三）职业指导和职业介绍；

（四）对就业困难人员实施就业援助；

（五）办理就业登记、失业登记等事务；

（六）其他公共就业服务。

第二十六条　公共就业服务机构应当积极拓展服务功能，根据用人单位需求提供以下服务：

（一）招聘用人指导服务；

（二）代理招聘服务；

（三）跨地区人员招聘服务；

（四）企业人力资源管理咨询等专业性服务；

（五）劳动保障事务代理服务；

（六）为满足用人单位需求开发的其他就业服务项目。

第二十七条　公共就业服务机构应当加强职业指导工作，配备专（兼）职职业指导工作人员，向劳动者和用人单位提供职业指导服务。

公共就业服务机构应当为职业指导工作提供相应的设施和条件，推动职业指导工作的开展，加强对职业指导工作的宣传。

第二十八条　职业指导工作包括以下内容：

（一）向劳动者和用人单位提供国家有关劳动保障的法律法规和政策、人力资源市场状况咨询；

（二）帮助劳动者了解职业状况，掌握求职方法，确定择业方向，增强择业能力；

（三）向劳动者提出培训建议，为其提供职业培训相关信息；

（四）开展对劳动者个人职业素质和特点的测试，并对其职业能力进行评价；

（五）对妇女、残疾人、少数民族人员及退出现役的军人等就业群体提供专门的职业指导服务；

（六）对大中专学校、职业院校、技工学校学生的职业指导工作提供咨询和服务；

（七）对准备从事个体劳动或开办私营企业的劳动者提供创业咨询服务；

（八）为用人单位提供选择招聘方法、确定用人条件和标准等方面的招聘用人指导；

（九）为职业培训机构确立培训方向和专业设置等提供咨询参考。

第二十九条　公共就业服务机构在劳动保障行政部门的指导下，组织实施劳动力资源调查和就业、失业状况统计工作。

第三十条　公共就业服务机构应当针对特定就业群体的不同需求，制定并组织实施专项计划。

公共就业服务机构应当根据服务对象的特点，在一定时期内为不同类型的劳动者、就业困难对象或用人单位集中组织活动，开展专项服务。

公共就业服务机构受劳动保障行政部门委托，可以组织开展促进就业的专项工作。

第三十一条　县级以上公共就业服务机构建立综合性服务场所，集中为劳动者和用人单位提供一站式就业服务，并承担劳动保障行政部门安排的其他工作。

街道、乡镇、社区公共就业服务机构建立基层服务窗口，开展以就业援助为重点的公共就业服务，实施劳动力资源调查统计，并承担上级劳动保障行政部门安排的其他就业服务工作。

公共就业服务机构使用全国统一标识。

第三十二条　公共就业服务机构应当不断提高服务的质量和效率。

公共就业服务机构应当加强内部管理，完善服务功能，统一服务流程，按照国家制定的服务规范和标准，为劳动者和用人单位提供优质高效的就业服务。

公共就业服务机构应当加强工作人员的政策、业务和服务技能培训，组织职业指导人员、职业信息分析人员、劳动保障协理员等专业人员参加相应职业资格培训。

公共就业服务机构应当公开服务制度，主动接受社会监督。

第三十三条 县级以上劳动保障行政部门和公共就业服务机构应当按照劳动保障信息化建设的统一规划、标准和规范，建立完善人力资源市场信息网络及相关设施。

公共就业服务机构应当逐步实行信息化管理与服务，在城市内实现就业服务、失业保险、就业培训信息共享和公共就业服务全程信息化管理，并逐步实现与劳动工资信息、社会保险信息的互联互通和信息共享。

第三十四条 公共就业服务机构应当建立健全人力资源市场信息服务体系，完善职业供求信息、市场工资指导价位信息、职业培训信息、人力资源市场分析信息的发布制度，为劳动者求职择业、用人单位招用人员以及培训机构开展培训提供支持。

第三十五条 县级以上劳动保障行政部门应当按照信息化建设统一要求，逐步实现全国人力资源市场信息联网。其中，城市应当按照劳动保障数据中心建设的要求，实现网络和数据资源的集中和共享；省、自治区应当建立人力资源市场信息网省级监测中心，对辖区内人力资源市场信息进行监测；劳动保障部设立人力资源市场信息网全国监测中心，对全国人力资源市场信息进行监测和分析。

第三十六条 县级以上劳动保障行政部门应当对公共就业服务机构加强管理，定期对其完成各项任务情况进行绩效考核。

第三十七条 公共就业服务经费纳入同级财政预算。各级劳动保障行政部门和公共就业服务机构应当根据财政预算编制的规定，依法编制公共就业服务年度预算，报经同级财政部门审批后执行。

公共就业服务机构可以按照就业专项资金管理相关规定，依法申请公共就业服务专项扶持经费。

公共就业服务机构接受社会各界提供的捐赠和资助，按照国家有关法律法规管理和使用。

公共就业服务机构为用人单位提供的服务，应当规范管理，严格控制服务收费。确需收费的，具体项目由省级劳动保障行政部门会同相关部门规定。

第三十八条　公共就业服务机构不得从事经营性活动。

公共就业服务机构举办的招聘会，不得向劳动者收取费用。

第三十九条　各级残疾人联合会所属的残疾人就业服务机构是公共就业服务机构的组成部分，负责为残疾劳动者提供相关就业服务，并经劳动保障行政部门委托，承担残疾劳动者的就业登记、失业登记工作。

第五章　就业援助

第四十条　公共就业服务机构应当制定专门的就业援助计划，对就业援助对象实施优先扶持和重点帮助。

本规定所称就业援助对象包括就业困难人员和零就业家庭。就业困难对象是指因身体状况、技能水平、家庭因素、失去土地等原因难以实现就业，以及连续失业一定时间仍未能实现就业的人员。零就业家庭是指法定劳动年龄内的家庭人员均处于失业状况的城市居民家庭。

对援助对象的认定办法，由省级劳动保障行政部门依据当地人民政府规定的就业援助对象范围制定。

第四十一条　就业困难人员和零就业家庭可以向所在地街道、社区公共就业服务机构申请就业援助。经街道、社区公共就业服务机构确认属实的，纳入就业援助范围。

第四十二条 公共就业服务机构应当建立就业困难人员帮扶制度,通过落实各项就业扶持政策、提供就业岗位信息、组织技能培训等有针对性的就业服务和公益性岗位援助,对就业困难人员实施优先扶持和重点帮助。

在公益性岗位上安置的就业困难人员,按照国家规定给予岗位补贴。

第四十三条 公共就业服务机构应当建立零就业家庭即时岗位援助制度,通过拓宽公益性岗位范围,开发各类就业岗位等措施,及时向零就业家庭中的失业人员提供适当的就业岗位,确保零就业家庭至少有一人实现就业。

第四十四条 街道、社区公共就业服务机构应当对辖区内就业援助对象进行登记,建立专门台账,实行就业援助对象动态管理和援助责任制度,提供及时、有效的就业援助。

第六章 职业中介服务

第四十五条 县级以上劳动保障行政部门应当加强对职业中介机构的管理,鼓励其提高服务质量,发挥其在促进就业中的作用。

本规定所称职业中介机构,是指由法人、其他组织和公民个人举办,为用人单位招用人员和劳动者求职提供中介服务以及其他相关服务的经营性组织。

政府部门不得举办或者与他人联合举办经营性的职业中介机构。

第四十六条 从事职业中介活动,应当遵循合法、诚实信用、公平、公开的原则。

禁止任何组织或者个人利用职业中介活动侵害劳动者和用人

单位的合法权益。

第四十七条 职业中介实行行政许可制度。设立职业中介机构或其他机构开展职业中介活动，须经劳动保障行政部门批准，并获得职业中介许可证。

未经依法许可和登记的机构，不得从事职业中介活动。

职业中介许可证由劳动保障部统一印制并免费发放。

第四十八条 设立职业中介机构应当具备下列条件：

（一）有明确的机构章程和管理制度；

（二）有开展业务必备的固定场所、办公设施和一定数额的开办资金；

（三）有一定数量具备相应职业资格的专职工作人员；

（四）法律、法规规定的其他条件。

第四十九条 设立职业中介机构，应当向当地县级以上劳动保障行政部门提出申请，提交下列文件：

（一）设立申请书；

（二）机构章程和管理制度草案；

（三）场所使用权证明；

（四）拟任负责人的基本情况、身份证明；

（五）具备相应职业资格的专职工作人员的相关证明；

（六）工商营业执照（副本）；

（七）法律、法规规定的其他文件。

第五十条 劳动保障行政部门接到设立职业中介机构的申请后，应当自受理申请之日起20日内审理完毕。对符合条件的，应当予以批准；不予批准的，应当说明理由。

劳动保障行政部门对经批准设立的职业中介机构实行年度审验。

职业中介机构的具体设立条件、审批和年度审验程序，由省级劳动保障行政部门统一规定。

第五十一条 职业中介机构变更名称、住所、法定代表人等或者终止的，应当按照设立许可程序办理变更或者注销登记手续。

设立分支机构的，应当在征得原审批机关的书面同意后，由拟设立分支机构所在地县级以上劳动保障行政部门审批。

第五十二条 职业中介机构可以从事下列业务：

（一）为劳动者介绍用人单位；

（二）为用人单位和居民家庭推荐劳动者；

（三）开展职业指导、人力资源管理咨询服务；

（四）收集和发布职业供求信息；

（五）根据国家有关规定从事互联网职业信息服务；

（六）组织职业招聘洽谈会；

（七）经劳动保障行政部门核准的其他服务项目。

第五十三条 职业中介机构应当在服务场所明示营业执照、职业中介许可证、服务项目、收费标准、监督机关名称和监督电话等，并接受劳动保障行政部门及其他有关部门的监督检查。

第五十四条 职业中介机构应当建立服务台账，记录服务对象、服务过程、服务结果和收费情况等，并接受劳动保障行政部门的监督检查。

第五十五条 职业中介机构提供职业中介服务不成功的，应当退还向劳动者收取的中介服务费。

第五十六条 职业中介机构租用场地举办大规模职业招聘洽谈会，应当制定相应的组织实施办法和安全保卫工作方案，并向批准其设立的机关报告。

职业中介机构应当对入场招聘用人单位的主体资格真实性和招用人员简章真实性进行核实。

第五十七条 职业中介机构为特定对象提供公益性就业服务

的,可以按照规定给予补贴。可以给予补贴的公益性就业服务的范围、对象、服务效果和补贴办法,由省级劳动保障行政部门会同有关部门制定。

第五十八条 禁止职业中介机构有下列行为:

(一)提供虚假就业信息;

(二)发布的就业信息中包含歧视性内容;

(三)伪造、涂改、转让职业中介许可证;

(四)为无合法证照的用人单位提供职业中介服务;

(五)介绍未满16周岁的未成年人就业;

(六)为无合法身份证件的劳动者提供职业中介服务;

(七)介绍劳动者从事法律、法规禁止从事的职业;

(八)扣押劳动者的居民身份证和其他证件,或者向劳动者收取押金;

(九)以暴力、胁迫、欺诈等方式进行职业中介活动;

(十)超出核准的业务范围经营;

(十一)其他违反法律、法规规定的行为。

第五十九条 县级以上劳动保障行政部门应当依法对经审批设立的职业中介机构开展职业中介活动进行监督指导,定期组织对其服务信用和服务质量进行评估,并将评估结果向社会公布。

县级以上劳动保障行政部门应当指导职业中介机构开展工作人员培训,提高服务质量。

县级以上劳动保障行政部门对在诚信服务、优质服务和公益性服务等方面表现突出的职业中介机构和个人,报经同级人民政府批准后,给予表彰和奖励。

第六十条 设立外商投资职业中介机构以及职业中介机构从事境外就业中介服务的,按照有关规定执行。

第七章 就业与失业管理

第六十一条 劳动保障行政部门应当建立健全就业登记制度和失业登记制度,完善就业管理和失业管理。

公共就业服务机构负责就业登记与失业登记工作,建立专门台账,及时、准确地记录劳动者就业与失业变动情况,并做好相应统计工作。

就业登记和失业登记在各省、自治区、直辖市范围内实行统一的就业失业登记证(以下简称登记证),向劳动者免费发放,并注明可享受的相应扶持政策。

就业登记、失业登记的具体程序和登记证的样式,由省级劳动保障行政部门规定。

第六十二条 劳动者被用人单位招用的,由用人单位为劳动者办理就业登记。用人单位招用劳动者和与劳动者终止或者解除劳动关系,应当到当地公共就业服务机构备案,为劳动者办理就业登记手续。用人单位招用人员后,应当于录用之日起30日内办理登记手续;用人单位与职工终止或者解除劳动关系后,应当于15日内办理登记手续。

劳动者从事个体经营或灵活就业的,由本人在街道、乡镇公共就业服务机构办理就业登记。

就业登记的内容主要包括劳动者个人信息、就业类型、就业时间、就业单位以及订立、终止或者解除劳动合同情况等。就业登记的具体内容和所需材料由省级劳动保障行政部门规定。

公共就业服务机构应当对用人单位办理就业登记及相关手续设立专门服务窗口,简化程序,方便用人单位办理。

第六十三条 在法定劳动年龄内,有劳动能力,有就业要求,处于无业状态的城镇常住人员,可以到常住地的公共就业服务机构进行失业登记。

第六十四条　劳动者进行失业登记时,须持本人身份证件;有单位就业经历的,还须持与原单位终止、解除劳动关系或者解聘的证明。

登记失业人员凭登记证享受公共就业服务和就业扶持政策;其中符合条件的,按规定申领失业保险金。

登记失业人员应当定期向公共就业服务机构报告就业失业状况,积极求职,参加公共就业服务机构安排的就业培训。

第六十五条　失业登记的范围包括下列失业人员:

(一)年满16周岁,从各类学校毕业、肄业的;

(二)从企业、机关、事业单位等各类用人单位失业的;

(三)个体工商户业主或私营企业业主停业、破产停止经营的;

(四)承包土地被征用,符合当地规定条件的;

(五)军人退出现役且未纳入国家统一安置的;

(六)刑满释放、假释、监外执行的;

(七)各地确定的其他失业人员。

第六十六条　登记失业人员出现下列情形之一的,由公共就业服务机构注销其失业登记:

(一)被用人单位录用的;

(二)从事个体经营或创办企业,并领取工商营业执照的;

(三)已从事有稳定收入的劳动,并且月收入不低于当地最低工资标准的;

(四)已享受基本养老保险待遇的;

(五)完全丧失劳动能力的;

(六)入学、服兵役、移居境外的;

（七）被判刑收监执行的；

（八）终止就业要求或拒绝接受公共就业服务的；

（九）连续6个月未与公共就业服务机构联系的；

（十）已进行就业登记的其他人员或各地规定的其他情形。

第八章　罚　　则

第六十七条　用人单位违反本规定第十四条第（二）、（三）项规定的，按照劳动合同法第八十四条的规定予以处罚；用人单位违反第十四条第（四）项规定的，按照国家禁止使用童工和其他有关法律、法规的规定予以处罚。用人单位违反第十四条第（一）、（五）、（六）项规定的，由劳动保障行政部门责令改正，并可处以一千元以下的罚款；对当事人造成损害的，应当承担赔偿责任。

第六十八条　用人单位违反本规定第十九条第二款规定，在国家法律、行政法规和国务院卫生行政部门规定禁止乙肝病原携带者从事的工作岗位以外招用人员时，将乙肝病毒血清学指标作为体检标准的，由劳动保障行政部门责令改正，并可处以一千元以下的罚款；对当事人造成损害的，应当承担赔偿责任。

第六十九条　违反本规定第三十八条规定，公共就业服务机构从事经营性职业中介活动向劳动者收取费用的，由劳动保障行政部门责令限期改正，将违法收取的费用退还劳动者，并对直接负责的主管人员和其他直接责任人员依法给予处分。

第七十条　违反本规定第四十七条规定，未经许可和登记，擅自从事职业中介活动的，由劳动保障行政部门或者其他主管部门按照就业促进法第六十四条规定予以处罚。

第七十一条　职业中介机构违反本规定第五十三条规定，未明示职业中介许可证、监督电话的，由劳动保障行政部门责令改正，并可处以一千元以下的罚款；未明示收费标准的，提请价格主管部门依据国家有关规定处罚；未明示营业执照的，提请工商行政管理部门依据国家有关规定处罚。

第七十二条 职业中介机构违反本规定第五十四条规定，未建立服务台账，或虽建立服务台账但未记录服务对象、服务过程、服务结果和收费情况的，由劳动保障行政部门责令改正，并可处以一千元以下的罚款。

第七十三条 职业中介机构违反本规定第五十五条规定，在职业中介服务不成功后未向劳动者退还所收取的中介服务费的，由劳动保障行政部门责令改正，并可处以一千元以下的罚款。

第七十四条 职业中介机构违反本规定第五十八条第（一）、（三）、（四）、（八）项规定的，按照就业促进法第六十五条、第六十六条规定予以处罚。违反本规定第五十八条第（五）项规定的，按照国家禁止使用童工的规定予以处罚。违反本规定第五十八条其他各项规定的，由劳动保障行政部门责令改正，没有违法所得的，可处以一万元以下的罚款；有违法所得的，可处以不超过违法所得三倍的罚款，但最高不得超过三万元；情节严重的，提请工商部门依法吊销营业执照；对当事人造成损害的，应当承担赔偿责任。

第七十五条 用人单位违反本规定第六十二条规定，未及时为劳动者办理就业登记手续的，由劳动保障行政部门责令改正，并可处以一千元以下的罚款。

第九章 附 则

第七十六条 本规定自 2008 年 1 月 1 日起施行。劳动部 1994 年 10 月 27 日颁布的《职业指导办法》、劳动保障部 2000 年 12 月 8 日颁布的《劳动力市场管理规定》同时废止。

《中华人民共和国就业促进法》宣传提纲

（2007 年 9 月 6 日劳动和社会保障部发布
劳社部发〔2007〕35 号）

2007 年 8 月 30 日，《中华人民共和国就业促进法》（以下称《就业促进法》）由十届全国人大常委会第二十九次会议审议通过，并由中华人民共和国国家主席颁布，自 2008 年 1 月 1 日起施行。《就业促进法》的颁布，是我国劳动保障法制建设取得的重大成果，进一步丰富和完善了我国劳动保障法律体系，对于促进劳动者就业、构建社会主义和谐社会，具有重要而深远的意义。

一、《就业促进法》颁布实施的重要意义

第一，《就业促进法》是促进社会主义和谐社会建设的一部重要法律。就业，不仅是每一位劳动者生存的经济基础和基本保障，也是其融入社会、共享社会经济发展成果的基本条件，因此，就业是民生之本；促进就业，关系到亿万劳动者及其家庭的切身利益，是社会和谐发展、长治久安的重要基础，因此，促进就业是安国之策。就业问题历来是各国经济和社会发展的核心问题之一。我国劳动力资源丰富，劳动力供大于求的格局将长期存在；就业的结构性矛盾越来越突出；新成长劳动力就业、农业富余劳动力转移就业和经济结构调整中失业人员再就业的矛盾交织，使得就业问题具有长期性、艰巨性和复杂性。促进就业是我国长期的战略任务，党的十六届六中全会把实现社会就业比较充分作为构建和谐社会的重要目标之一。通过法制化的手段确立国家推动经济发展同扩大就业相协调，把扩大就业放在经济社会发展的突出位置，实现社会和谐稳定，是我国做好促进就业工作、构建和谐社会的必然选择和重要内容。

第二，《就业促进法》为我国实施积极的就业政策提供了法律保障。党中央、国务院高度重视就业问题，针对我国的具体情况，借鉴世界各国成功经验，制定和实施了积极的就业政策，通过小额担保贷款、财政贴息、减免税费等措施，积极扶持劳动者自主创业、自谋职业；通过定额税收减免、优惠贷款等措施，鼓励企业吸纳下岗失业人员就业；通过开发公益性岗位和社会保险补贴等措施，建立健全就业援助制度，帮助困难人员实现就业。2003 年以来，通过实施积极的就业政策，在经济发展中实现了新增就业的不断扩大，并基本解决了体制转轨过程中出现的下岗失业人员的再就业问题，有力保持了就业局势稳定，有效维护了改革发展稳定大局，为促进经济持续较快增长和社会和谐稳定发挥了重要作用。《就业促进法》将经过实践检验的积极的就业政策措施上升为法律规范，使促进就业的工作机制和工作体系制度化，使促进就业的各项政策措施和资金投入法制化，有利于建立促进就业的长效机制，保障我国积极的就业政策长期实施和有效运行。

第三，《就业促进法》进一步完善了我国劳动保障法律体系。立法是世界各国促进就业最普遍最重要的手段。在我国《宪法》和《劳动法》中都对促进就业作了原则规定，对促进就业发挥了积极作用。解决我国长期、艰巨而复杂的就业问题，不仅需要有综合大法的原则性要求，更需要专门的有具体规定的就业促进立法。

特别是随着我国城镇化、工业化、市场化和国际化进程的加快，就业工作、劳动关系工作、社会保障工作都出现了许多新情况和新问题，亟需形成健全的劳动保障法律体系，使整个劳动保障工作尽快走上法制化轨道。《就业促进法》是我国就业领域第一部基本法律。它的颁布施行，标志着我国在建设以《宪法》为依据、以《劳动法》为基础、以《就业促进法》和《劳动合同法》以及正在起草的《社会保险法》为主干、以相关法律法规为配套的劳动保障法律体系方面，又迈出了至关重要的一步。

二、确立就业工作的方针

在社会主义市场经济条件下，做好促进就业工作，实现社会就业比较充分的目标，必须调动各方面的积极性，充分发挥其在促进就业中的重要作用，坚持“劳动者自主择业、市场调节就业、政府促进就业”的就业方针。《就业促进法》在法律中进一步确立了这一就业方针，一是明确“劳动者自主择业”，充分调动劳动者就业的主动性和能动性，促进他们发挥就业潜能和提高职业技能，依靠自身努力，自谋职业和自主创业，尽快实现就业。二是明确“市场调节就业”，充分发挥人力资源市场在促进就业中的基础性作用。通过市场职业供求信息，引导劳动者合理流动和就业；通过用人单位自主用人和劳动者自主择业，实现供求双方相互选择；通过市场工资价位信息，调节劳动力的供求。三是明确“政府促进就业”，充分发挥政府在促进就业中的重要职责，通过发展经济和调整产业结构，实施积极就业政策，扩大就业机会；通过规范人力资源市场，维护公平就业；通过完善公共就业服务和加强职业教育和培训，创造就业条件；通过提供就业援助，帮助困难群体就业，等等。

三、明确政府促进就业的职责

就业问题关系到所有劳动者及其家庭的切身利益，促进就业和治理失业是政府的重要职责，这不仅是国际社会的共识，也是世界各国政府执政的重要目标,在我国,更是各级政府执政为民的重要体现。《就业促进法》对政府在促进就业中的职责作出了明确规定,包括八个方面:

一是建立就业工作目标责任制度。县级以上人民政府把扩大就业作为经济和社会发展的重要目标,纳入国民经济和社会发展规划,并制定促进就业的中长期规划和年度工作计划。各级人民政府和有关部门应当建立促进就业的目标责任制。县级以上人民政府按照促进就业目标责任制的要求,对所属有关部门和下一级人民政府进行考核和监督。

二是制定实施有利于就业的经济和社会政策。县级以上人民政府通过发展经济和调整产业结构,实行有利于促进就业的产业政策、财政政策、税收政策等各项经济和社会政策,多渠道扩大就业、增加就业岗位。

三是推进公平就业。各级人民政府依法保证劳动者享有平等就业和自主择业的权利,创造公平的就业环境,消除就业歧视。

四是加强就业服务和管理。县级以上人民政府应当培育和完善统一开放、竞争有序的人力资源市场,促进劳动力供给与需求的有效匹配;建立健全公共就业服务体系,为劳动者就业提供服务;制定政策并采取措施,建立健全就业援助制度,对困难人员给予扶持和帮助。

五是大力开展职业培训。国家依法发展职业教育,鼓励开展职业培训,并通过制定实施职业能力开发计划,鼓励和支持培训机构和用人单位开展就业前培训、在职培训、再就业培训、职业技能培训和创业培训,以及建立健全劳动预备制度和实行职业资格证书制度等措施,促进劳动者提高职业技能,增强就业能力和创业能力。

六是建立健全失业保险制度。国家建立健全失业保险制度,依法确保失业人员的基本生活，并促进其实现就业；县级以上人民政府建立失业预警制度，对可能出现的较大规模的失业，实施预防、调节和控制。

七是开展就业和失业调查统计工作。国家建立劳动力调查统计制度和就业登记、失业登记制度，开展劳动力资源和就业、失业状况调查统计，并公布调查统计结果，以加强就业的基础管理工作。

八是发挥社会各方面促进就业的作用。各级人民政府和有关部门应当对在促进就业工作中作出显著成绩的单位和个人，给予表彰和奖励，发挥工会、共青团、妇联、残联、用人单位以及其他社会组织在促进就业工作中的作用。

四、建立促进就业工作协调机制

我国的就业任务十分繁重，就业群体多种多样，促进就业工作涉及社会方方面面，需要多个部门齐抓共管。为了加强对就业工作的领导和统筹协调，国务院建立了由十几个成员单位组成的就业工作部际联席会议制度，各地也建立了相应的协调机制，对合力推进就业工作发挥了积极作用。《就业促进法》在总结实践的基础上，通过法律形式进一步明确了这一协调机制的工作任务和作用。

一是国务院建立全国促进就业工作协调机制，研究就业工作中的重大问题，协调推动全国的促进就业工作，并明确由国务院劳动行政部门具体负责全国的促进就业工作。

二是省、自治区、直辖市人民政府根据促进就业工作的需要，建立促进就业工作协调机制，协调解决本行政区域就业工作中的重大问题。

三是县级以上人民政府有关部门按照各自的职责分工，共同做好促进就业工作。

五、促进就业的政策支持体系

为了建立促进就业的长效机制，《就业促进法》将经过实践检验行之有效的积极的就业政策上升为法律规范，并按照促进就业的工作要求，规定了政策支持的法律内容。包括十个方面：

一是实行有利于促进就业的产业政策。明确规定县级以上政府统筹协调产业政策与就业政策。鼓励各类企业在法律、法规规定的范围内，通过兴办产业或者拓展经营，增加就业岗位。国家鼓励发展劳动密集型产业、服务业，扶持中小企业，鼓励、支持、引导非公有制经济发展，扩大就业机会，增加就业岗位。在安排政府投资和确定重大建设项目时，应当发挥投资和重大建设项目带动就业的作用，增加就业岗位。国家发展国内外贸易和国际经济合作，拓宽就业渠道。

二是实行有利于促进就业的财政政策。明确规定国家加大资金投入，改善就业环境，扩大就业。县级以上人民政府应当根据就业状况和就业工作目标，在财政预算中安排就业专项资金用于促进就业工作。就业专项资金用于职业介绍、职业培训、公益性岗位、职业技能鉴定、特定就业政策和社会保险等的补贴，小额贷款担保基金和微利项目的小额担保贷款贴息，以及扶持公共就业服务等。审计机关、财政部门应当依法对就业专项资金的管理和使用情况进行监督检查。

三是实行有利于促进就业的税收政策。明确规定国家鼓励企业增加就业岗位，扶持失业人员和残疾人就业，对符合法定条件的企业和人员依法给予税收优惠。具体包括：吸纳符合国家规定条件的失业人员达到规定要求的企业；失业人员创办的中小企业；安置残疾人员达到规定比例或者集中使用残疾人的企业；从事个体经营的符合国家规定条件的失业人员；从事个体经营的残疾人；国务院规定给予税收优惠的其他企业、人员。同时，对从事个体经营的失业人员和残疾人免除行政事业性收费。

四是实行有利于促进就业的金融政策。明确规定增加中小企业的融资渠道;鼓励金融机构改进金融服务,加大对中小企业的信贷支持,并对自主创业人员在一定期限内给予小额信贷等扶持。

五是实行城乡统筹的就业政策。明确规定国家建立健全城乡劳动者平等就业的制度,引导农业富余劳动力有序转移就业。

六是实行区域统筹的就业政策。国家支持区域经济发展,鼓励区域协作,统筹协调不同地区就业的均衡增长;支持民族地区发展经济,扩大就业。

七是实行群体统筹的就业政策。各级人民政府统筹做好城镇新增劳动力、农业富余劳动力转移就业和失业人员就业工作。当前,要统筹做好下岗失业人员、大学生、复转军人、残疾人、农民工等群体的就业工作。

八是实行有利于灵活就业的劳动和社会保险政策。明确规定各级人民政府采取措施,逐步完善和实施与非全日制用工等灵活就业相适应的劳动和社会保险政策,为灵活就业人员提供帮助和服务。

九是实行就业援助制度。明确规定国家建立健全就业援助制度,对就业困难人员给予扶持和帮助。

十是实行失业保险促进就业政策。明确规定失业保险制度保障基本生活和促进就业的功能,并要求加强对大规模失业的预防、调节和控制。

六、维护公平就业

为了维护劳动者的平等就业权,反对就业歧视,《就业促进法》对公平就业作出了规定,包括八个方面:

一是明确政府维护公平就业的责任。各级人民政府应当创造公平就业的环境,消除就业歧视,并制定政策和采取措施对就业困难人员给予扶持和援助。

二是规范用人单位和职业中介机构的行为。在人力资源市场中,用人单位和职业中介机构的行为,往往影响和决定着劳动者的就业机会和就业权利的实现。依法规范他们的行为,对维护劳动者平等就业权至关重要。因此,《就业促进法》规定:用人单位招用人员、职业中介机构从事职业中介活动,应当向劳动者提供平等的就业机会和公平的就业条件,不得实施就业歧视。

三是保障妇女享有与男子平等的劳动权利。用人单位招用人员,除国家规定的不适合妇女的工种或者岗位外,不得以性别为由拒绝录用妇女或者提高对妇女的录用标准。同时,对用人单位录用的劳动合同内容作了法律规定。

四是保障各民族劳动者享有平等的劳动权利。用人单位招用人员,应当依法对少数民族劳动者给予适当照顾。

五是保障残疾人的劳动权利。各级人民政府应当为残疾人创造就业条件。用人单位招用人员,不得歧视残疾人。

六是保障传染病病原携带者的平等就业权。规定用人单位招用人员,不得以是传染病病原携带者为由拒绝录用。同时对其不能从事的工作作了法律限制。

七是保障进城就业的农村劳动者的平等就业权。农村劳动者进城就业享有与城镇劳动者平等的劳动权利,不得对农村劳动者进城就业设置歧视性限制。

八是规定了劳动者受到就业歧视时的法律救济途径。违反本法规定,实施就业歧视的,劳动者可以向人民法院提起诉讼。

七、加强就业服务和管理

《就业促进法》明确规定,政府应当加强就业服务和管理工作,逐步完善覆盖城乡的就业服务体系。主要包括三个方面:

一是发展人力资源市场。规定了县级以上人民政府在发展人力资源市场方面的职责。其一,要求培育和完善统一开放、竞争有序的人力资源市场,为劳动者就业提供服务。其二,要求加强人力资源市场信息网络及相关设施建设,建立健全人力资源市场信息服务体系,完善市场信息发布制度,为劳动者就业提供服务。其三,要求对职业中介机构提供公益性就业服务的,按照规定给予补贴。其四,要求加强对职业中介机构的管理,鼓励其按照诚实信用、公平、公开的原则提高服务质量,发挥其在促进就业中的作用。

二是建立健全公共就业服务体系。公共就业服务是政府公共服务的重要内容。发展公共就业服务是政府的重要职责,对促进劳动力供求均衡、建立灵活有效的人力资源市场,促进求职人员,特别是帮助就业困难群体就业具有重要作用。针对目前存在的问题,并按照公共就业服务发展方向,《就业促进法》明确了公共就业服务机构的性质和职责。规定县级以上人民政府建立健全公共就业服务体系,设立公共就业服务机构,为劳动者免费提供就业服务,包括就业政策法规咨询,职业供求信息、市场工资指导价位信息和职业培训信息发布,职业指导和职业介绍,对就业困难人员实施就业援助,办理就业登记、失业登记以及其他公共就业服务。

《就业促进法》在明确公共就业服务职责的同时,还规定公共就业服务经费纳入同级财政预算,从而明确了公共就业服务机构的经费保障。为了区别经营性服务,还规定公共就业服务机构不得从事经营性活动;地方各级人民政府和有关部门、公共就业服务机构举办的招聘会,不得向劳动者收取费用。

三是规范对职业中介机构的管理。《就业促进法》明确规定,设立职业中介机构,应当依法办理行政许可,经许可的职业中介机构,应当向工商行政部门办理登记;未经依法许可和登记的机构,不得从事职业中介活动。同时,《就业促进法》还明确了设立职业中介机构的条件,规定了从事职业中介活动的原则、职业中介机构的禁止性行为。法律明确规定地方各级人民政府和有关部门不得举办或者与他人联合举办经营性的职业中介机构。违反本法相关规定,非法从事职业中介活动的,要依法承担法律责任。

八、大力发展职业教育和开展职业培训

《就业促进法》明确了国家、企业、劳动者和各类职业培训机构在职业教育和培训中的职责及作用,通过职业技能培训提高劳动者的素质,以适应人力资源市场的需求,从而促进其实现就业和稳定就业。包括五个方面:

一是明确了国家依法发展职业教育,鼓励开展职业培训,促进劳动者提高职业技能,增强就业能力和创业能力的总方针。

二是规定了各级人民政府在加强职业教育和培训方面的职责。包括六个方面:其一,县级以上人民政府应当根据经济社会发展和市场需求,制定并实施职业能力开发计划;其二,县级以上人民政府应当加强统筹协调,鼓励和支持各类职业院校、职业技能培训机构和用人单位依法开展就业前培训、在职培训、再就业培训和创业培训,鼓励劳动者参加各种形式的培训;其三,县级以上地方人民政府和有关部门应当根据市场需求和产业发展方向,鼓励、指导企业加强职业教育和培训;其四,国家采取措施建立健全劳动预备制度,县级以上地方人民政府应当对有就业要求的初高中毕业生实行一定期限的职业教育和培训,使其取得相应的职业资格或者掌握一定的职业技能;其五,地方各级人民政府应当鼓励和支持开展就业培训,帮助失业人员提高职业技能,增强其就业能力和创业能力。失业人员参加就业培训的,按照有关规定享受政府培训补贴;其六,地方各级人民政府应当采取有效措施,组织和引导进城就业的农村劳动者参加技能培训,鼓励各类培训机构为进城就业的农村劳动者提供技能培训,增强其就业能力和创业能力。

三是规定了企业在加强职业教育和培训方面的职责。企业应

当按照国家有关规定提取职工教育经费,对劳动者进行职业技能培训和继续教育培训。企业违反本法规定,未提取或未足额提取职工教育经费,或者挪用职工教育经费的,由劳动行政部门责令改正,并依法给予处罚。

四是规定了职业教育和培训机构在加强职业教育和培训方面的职责。职业院校、职业技能培训机构应当与企业密切联系,实行产教结合,为经济建设服务,培养实用人才和熟练劳动者。

五是按照《劳动法》和《职业教育法》中对建立职业资格证书制度的规定,并针对目前实践中存在的问题,规定了国家对从事涉及公共安全、人身健康、生命财产安全等特殊工种的劳动者,实行职业资格证书制度,具体办法由国务院规定。

九、实施就业援助

对就业困难人员实施优先扶持和重点帮助的就业援助,是构建社会主义和谐社会的基础工作之一,充分体现国家政府对就业困难人员的关怀。《就业促进法》明确规定各级人民政府建立健全就业援助制度。包括四个方面:

一是明确了就业援助的对象,是指因身体状况、技能水平、家庭因素、失去土地等原因难以实现就业,以及连续失业一定时间仍未能实现就业的就业困难人员。就业困难人员的具体范围,由省、自治区、直辖市人民政府根据本行政区域的实际情况规定。

二是明确了就业援助的措施。其一,各级人民政府建立健全就业援助制度,采取税费减免、贷款贴息、社会保险补贴、岗位补贴等办法,通过公益性岗位安置等途径,对就业困难人员实行优先扶持和重点帮助。其二,地方各级人民政府加强基层就业援助服务工作,对就业困难人员实施重点帮助,提供有针对性的就业服务和公益性岗位援助;鼓励和支持社会各方面为就业困难人员提供技能培训、岗位信息等服务。其三,政府投资开发的公益性岗位,应当优先安排符合岗位要求的就业困难人员。被安排在社区公益性岗位工作的，按照国家规定给予岗位补贴。其四，各级人民政府采取特别扶助措施，促进残疾人就业，并要求用人单位应当按照国家规定安排残疾人就业。

三是特别规定了对城市零就业家庭的就业援助。县级以上地方人民政府采取多种就业形式，拓宽公益性岗位范围，开发就业岗位，确保城市有就业需求的家庭至少有一人实现就业。同时规定街道、社区公共就业服务机构在就业援助中的具体职责。

四是规定了对就业压力大的特定地区的扶持。国家鼓励资源开采型城市和独立工矿区发展与市场需求相适应的产业，引导劳动者转移就业。对因资源枯竭或者经济结构调整等原因造成就业困难人员集中的地区，上级人民政府应当给予必要的扶持和帮助。